安全也是硬道理

——国家经济安全透视

江涌 著

人民出版社

CONTENTS # 目 录

▶▶ **理华夏乱象**

▶▶ **揭霸权画皮**

▶▶**看中国奋起**

▶▶**结　语**

导　言

安全也是硬道理

21 世纪第一个十年，"世界进行曲"以危机开始（美国新经济泡沫破灭与"9·11"恐怖袭击），最后又以危机结束（美国次贷危机与欧洲债务危机爆发）。世人对经济增长、生活改善、社会繁荣之憧憬，犹如色彩斑斓的肥皂泡，转瞬间就破灭了。21 世纪第二个十年，人们期盼峰回路转，否极泰来，但是中东大动荡与日本大地震接踵而至，冲击着国际社会尚抱一丝希望的幼芽。经济、社会、政治、军事和环境等各种因素相互作用、相互激荡，如此令大小不一、强弱不等的主权国家，陷入不同程度的安全困境。

时代的主题：和平与发展→动荡与危机

令世界多国陷入越来越深的安全困境，主要不再是传统的军事对峙与政治对抗，而是金融风险、经济危机、公共卫生、传染疾病、恐怖袭击、社会动荡、环境破坏、自然灾害等一系列越来越凸显的"非传统安全"问题。这些"非传统安全"问题，在全球化、信息化的参合下，在别有用心分子的搅和下，在预期效应、羊群效应的作用下，演变成为复合型危机，如此令习惯以维护国防安全、政治安全为要职的主权国家政府疲于应对。

非传统安全和传统安全往往相互交织、相互影响，彼此难有明确的界限。在国内，若经济长期迟滞、社会矛盾激化就有可能转化为政治、军事冲突，最终威胁国家安全。在国际，军事安全问题会直接带来非军事安全问题。例如，美国在越南战争中使用橙剂，在前南斯拉夫地区使用贫铀弹，都导致了严重的生态与人类灾难。非传统安全问题的恶化也会直接导致国家间的冲突，甚至诉诸武力和战争。例如，巴勒斯坦与以色列之间的恶斗、苏丹达尔富尔的部落冲突等主要是对水资源争夺的结果。以非传统手段追求传统安全目标的，在国家博弈中越来越明显，美国即以"反恐"为名，对阿富汗与伊拉克发动战争。转基因食品、流感疫苗等生物技术的使用，本身只是一类非传统问题，但别有用心者也可以将其当作生化武器，通过隐蔽的非军事手段，达到军事手段同样要达到的目的。正是因为非传统安全和传统安全相互交织、相互影响，成因复杂多变，如此才使得主权国家的安全困境不断加剧。

信息化乱了时空。现代通讯、传媒、网络的发展，使得信息爆炸，泛滥成灾。信息技术的进步与信息流通的泛滥，使信息安全的攻防成本严重不对称，黑客可以利用极小的成本（如一台价值几百元的电脑）、极隐蔽的手段（如任何一个网吧），即可发动攻击。一个普通网民，通过散布"完全可以不负责任"的言论或谩骂，即可参与制造或引发"网络洪流""信息海啸"，形成巨大的舆论压力。一些别有用心者抑或国际强权，利用先进技术手段，恶意制造或有选择发布信息，混淆视听，煽风点火，达到错乱思想、引发社会动荡、颠覆政权的目的。金融大鳄利用全球化与信息化，于斗室之中，键盘敲击之间，即可让大宗商品、金融资产价格潮涨潮落，甚至掀起金融危机，以浑水摸鱼，趁火打劫。

全球化乱了世界。经济全球化将机会撒播到世界，一些后进国家与地区，依据自身优势，克服先天不足，程度不一参与国际分工，由此脱离了贫困，部分还实现了一定程度的繁荣。但是，全球化也打开了"潘多拉匣子"，释放出魔鬼，将越来越多的弱小国家、弱势群体拖入"撒旦的磨坊"。全球化使国际分工愈加细密，国际市场联成网络。然而，分工越细密，网络越宽广，节点越多，也就越脆弱，越容易崩溃，而且"一毁俱毁"。在全球化下，人流、物流、资金流与信息流四处流动，时时流动。国家间用签证制度管理人流，用海关制度管理物流，然而对于资金流，对于越来越快、越来越大的信息流，国际社会迄今尚无基本的应对共识。

金融化乱了市场。金融原本职能就是融通闲散资金，集中信贷投放，增加市场活力，提高经济效率。曾几何时，金融出现了异化，从服从、服务于实体经济，从实体经济的成长中分享合适收益，部分蜕变为统治、驾驭实体经济，以钱生钱。以华尔街为代表的金融资本置人类道德与良知于不顾，吸食各类优质资源从事欺诈性"金融创新"，推出具有"大规模杀伤力"的金融衍生品，操纵市场，翻云覆雨，使竞争、供求、价格等市场机制全盘失灵。国民经济在金融化、杠杆化过程中，不断虚拟化、泡沫化。资本主义经济危机越来越多地以金融危机呈现出来。

自由化乱了思想。自由化是共同体的大敌，自由化会强化个人主义，否定集体主义，鼓励自私自利，侵蚀共同价值，最终会瓦解共同体，出现国家认同危机。新自由主义原本只是一类思想流派，但是被金融利益集团与强权国家操纵，包装成为所谓的"普世价值"与经济定理，在世界流传。在特定时空中，经济自由可能会带来财富增长与经济繁荣。但是，在丛林法则主导的国际秩序下，自由是特定群体的自由，是经济人的自由，是强者的自由。经过新自由主义思想清洗的人士，很容易将西方的强权"内化"为自己的使命；接受了所谓"普世价值"的人士，也很容易将自己"升华"为"国际主义者"。

两极化乱了基础。在北方的发达国家一端，积累着富裕与繁荣；在南方的发展中国家一端，则积累着贫困与动荡。酒肉臭与冻死骨并存，营养过剩的减肥与挨饿导致的营养不良同在。富裕的孤岛为贫穷的汪洋大海所包围。世界在加剧失衡，国际在加剧动荡，全球在加剧不安全。少数霸权、强权越来越多地借助无所不用其极的手段，掠夺弱小国家与弱势群体、中等国家与中产阶层，成为世界的寄生者。一些遭遇"资源魔咒"的国家和地区、一些挣扎于贫困陷阱的国家和地区、一些被世界发展与繁荣边缘化乃至绝缘化的国家和地区，成为海盗、恐怖分子的渊薮与温床，整个世界由此失去了稳定的基础。

紧随 2008 年美国次贷危机、2010 年欧洲债务危机之后，是银行危机、货币危机、大宗商品价格危机等系列金融危机，危机加速国际力量失衡、格局变迁、秩序调整，世界尤其是西方发达国家已然步入金融动荡、经济低迷、社会对立、政治僵化的时代。西方主导、美国"说了算"的时代正走向终结。西方的衰落与东方的崛起，发达国家的衰落与新兴市场的崛起，既广且深地改变着国际格局，冲击着国际秩序。改变现状与维持现状、革新与守旧的力量之间的误判、对峙、冲突或将难以避免，国际秩序正进入由"旧的有序"向"新的有序"过渡的"无序"阶段。国际社会稳定的基础日趋脆弱，世界正远离"和平与发展"，进入一个"动荡与危机"的时代，给那些"利用和平，实现发展"的发展中国家提出了严峻挑战。

发展的"硬"道理正越来越"软"

正是认清"和平与发展"的时代主题，中国才把战略重心调整到"以经济建设为中心"、积极推进改革开放上来。1992年春天，改革开放的总设计师邓小平在南方谈话中说出了一句对中国乃至世界都影响深远的话——发展才是硬道理。此后，新一轮更加迅猛的经济改革与对外开放大潮在中华大地涌起。

国家的崛起、民族的复兴与大众生活水平的提高等等，都需要发展，都依赖发展，所以对于中国，不仅是过去、现在，而且在可预见的将来，发展都将是硬道理。党的十七大指出，必须坚持把发展作为党执政兴国的第一要务，坚持聚精会神搞建设、一心一意谋发展。党的十八大强调，"以经济建设为中心是兴国之要，发展仍是解决我国所有问题的关键"。在发展这一"硬道理"的指引下，中国的经济增长犹如鹰击长空傲视世界，社会主义现代化建设取得了翻天覆地的成就。

然而，在改革开放的实践过程中，由于发展观被一部分人在执行中扭曲，导致我们在发展规律的把握上、发展理念的创新上、发展方式的转变上、发展难题的破解上，存在一系列问题，导致一系列不如人意的后果，发展的"硬"道理因此也就越来越"软"。

发展内涵。长期以来，我们将发展等同于经济增长，"发展是硬道理"被曲解为"增长是硬道理"，社会的全面发展在一些部门和地方被理解演绎为国内生产总值（GDP）的不断提高。经济规律替代了自然规律、社会规律，成为"万能规律"。"一些地方、一些领域出现了'唯 GDP（国内生产总值）'、片面追求经济增长速度的问题。"①一些地方政府为了 GDP 增长的政绩，展开了近乎疯狂的讨好资本尤其是国际资本的"寻底竞赛"——"比谁更贱"——廉价劳动力、廉价资源、廉价环境，还有廉价政策——内外有别的各类税收减免与待遇优惠。

大众则在政府追求 GDP 的示范下，为赚钱而奔走。赚钱的多少，似乎成了个人事业成功的唯一标准。孔子教诲，"君子爱财，取之有道"。当今社会，不管正道偏道，还是歪门邪道，似乎赚到钱就是成功之道。孟子告诫，"上下交征利，而国危矣"。当今社会，不管大利小利，还是不义之利，似乎争到手的就是"大吉大利"。

发展道路。诺贝尔经济学奖获得者、前世界银行首席经济学家约瑟夫·斯蒂格利茨曾如此评论："在今天，任何有声望的知识分子都不会去支持这样一种看法，即市场本身就是有效率的，而不必去考虑它在公平上产生的后果。"②市场具有明显而强烈的两重性，即一面作为"财富的魔法师"，而另一面便是"撒旦的磨坊"。作为"财富的魔法师"，市场将财富迅速地、近乎无穷无尽地"从地底下呼唤出来"。而作为"撒旦的磨坊"，优质资源、优美环境、道德良知等等美好，都会被无序市场卷入磨坊碾个粉碎。环视今天的中国，我们不但见识了"财富的魔法师"的无边法力，更目睹了"撒旦的磨坊"的离奇功能。其实，"市场在资源配置中起决定性作用，并不是起全部作用"，政府的职责和作用就包括"加强市场监管，维护市场秩序"，"弥补市场失灵"。③

发展理念。长期以来，西方不断宣扬自己光彩照人的修饰文明，而竭力

①　中共中央宣传部编：《习近平总书记系列重要讲话读本》，学习出版社、人民出版社2014年版，第58页。
②　见约瑟夫·斯蒂格利茨为《大转型》一书所作的序言，参见［英］卡尔·波兰尼：《大转型——我们时代的政治与经济起源》，冯钢、刘阳译，浙江人民出版社2007年版，第2页。
③　中共中央宣传部编：《习近平总书记系列重要讲话读本》，学习出版社、人民出版社2014年版，第63—64页。

隐藏自己的真实历史，例如，国家公然充当海盗、贩卖毒品、大规模屠杀土著居民、发动一个又一个侵略战争、肆意侵犯他国知识产权、制造资产泡沫大耍金融骗局等等斑斑劣迹。一些西方大国甚至还不断在教科书中"创造"历史，编制一个个所谓"好政策"和"好制度"，然后以之当作"致富的梯子"兜售给发展中国家，这些诸如自由贸易、比较优势、尊重知识产权等"成功经验"，在发达国家的历史发展早期或没有很好地用过，或根本就没有用过。而真正的"致富的梯子"（如保护市场、限制海运、抛弃知识产权等）却被它们故意踢开。① 诸多发展中国家在按图索骥后陷入了经济混乱、社会混乱与政治混乱，甚至落下"失败国家"的恶名。

近代以来，中国有长期落后于西方而被动挨打的痛苦经历，所以一部分先知先觉的精英负笈担簦，远涉重洋，到西方求取民族复兴秘籍。然而，近一百七十年来，中国面向西方学习的莘莘学子，对国家民族的贡献并非都能用"积极"加以概括。他们当中，有"玄奘西游"，引进西方先进的、文明的知识理念，去粗取精，去伪存真，给国家民族添加正能量。然而，也有"蒋干盗书"，即把西方推荐的"好政策"和"好制度"当作真经引进并加以学习模仿。留学归来的学子当中，不乏把糟粕当精华加以学习模仿之人；甚至给西方当起了鼹鼠、第五纵队、经济杀手，损害国家与民族利益。近几十年来，我们对这些复杂的"西天取经者"没有认真甄别，认为"学成归来"的都真才实学，真材实料，真心实意为民族复兴献一腔热血。拿出大笔银子吸引海归人才。想一想，当初，为"两弹一星"作出巨大贡献的老一代知识分子又有几个是为"稻粱谋"而回国效力的？今天，那些高薪聘请的海归，到底有多少人实现了预期重大科技突破？对他们的不恰当对待，又扼杀了多少本土人才？

更为严重的是，在社会科学领域，尤其是在经济学、法学和新闻学领

---

① 德国经济学家李斯特如此表述："这本来是一个极寻常的巧妙手法，一个人当他已攀上了高峰以后，就会把他逐步攀高时所使用的那个梯子一脚踢开，免得别人跟着上来。""然后向别的国家苦口宣传自由贸易的好处，用着那种过来人后悔莫及的语气告诉它们，它过去走了许多弯路，犯了许多错误，到现在才终于发现了自由贸易这个真理。"见［德］弗里德里希·李斯特：《政治经济学的国民体系》，陈万煦译，商务印书馆1997年版，第307页。

域，莫名其妙用高薪引进一些挖自己墙脚的"人才"。

发展成果。邓小平告诫："社会主义的目的就是要全国人民共同富裕，不是两极分化。如果我们的政策导致两极分化，我们就失败了；如果产生了什么新的资产阶级，那我们就真是走了邪路了。"①

丛林法则，自由竞争，必然一端是贫困的积累，一端是财富的积累，即一部分人先富起来。只有共同富裕——社会主义的本质要求，只有利益均享，才需要改革，才需要壮士断腕。从善如登，从恶如崩。改革开放后，中国出现的两大著名模式：一个是走集体经济的"苏南模式"，另一个是搞个体经济的"温州模式"。如今都淡出了人们视野。实际上，让"温州模式"进化到"苏南模式"，即个人先富上升到共同富裕，需要百倍艰辛努力；而让"苏南模式"滑落为"温州模式"，化公为私，甚或损公肥私，只需要放任自由即可，地球引力自然向下牵引，泯灭仁爱良心，释出贪婪心魔，放任道德堕落，自然即可实现。

在西方，那些被称为"强盗贵族"的少数一族，都是近乎几代甚至十几代的积累，才有今日的显赫。然而，今日中国，那些"土豪"们，仅仅十多年，多不过二十年的"辛苦"，别墅、豪车、游船、飞机……这些西方富豪所拥有的，中国"土豪"一应俱全。西方富豪没有的，如小三小四，中国土豪照样有。中国"土豪"的"中国梦"早就不做了，而是在"公知"的捣鼓下，努力地做"美国梦"了。有道是，奔向地狱之门，不仅是那些姗姗落伍者，也有所谓捷足先登的人。"美国梦"已破碎，美国霸权的历史正在终结。与此同时，穷二代、农二代、蚁族等一直在为就业生计而犯愁忙碌的"弱势一族"，他们的"中国梦"又在哪里？

安全的"软"道理正越来越"硬"

几十年来，中国坚持"发展是硬道理"，且心无旁骛，一心一意谋发展。然而，中国越是发展，体量块头越巨大，周边国家反应越敏感；越是发

---

① 《邓小平文选》第三卷，人民出版社1993年版，第110—111页。

展，利益边界越大，要守护的利益越多；越是发展，利益分配一旦不均，不满情绪越是严重……总而言之，越是发展，境内境外出现的问题与矛盾越多，安全困境就越大。

军事安全不容乐观。冷战开启后，大国之间的直接军事对抗与冲突似乎渐行渐远，但是一些强权通过代理人或唆使一些附庸国利用地缘政治矛盾而不时挑起事端。21世纪初的"9·11"事件，搅乱了美国的战略部署，这个没有帝国之名的帝国挟冷战胜利之余威，以"反恐"的名义将国家之间的军事对抗——伊拉克战争、阿富汗战争等——变相推到了一个新的高度。然而，越反越恐的"反恐"战争，大大消耗了以美国为首的西方硬软实力。次贷危机与欧债危机爆发后，以中国为代表的新兴大国群体性崛起，以美国为首的西方国家主导的国际格局正发生着历史性变迁，国际秩序正随之调整。霸权主义、强权政治是世界和平与发展的最大威胁，同时也是中国军事安全、国家安全的最大威胁。美国以"亚太再平衡"战略为重点，开启了全面遏制中国发展、维护美国霸权的新征程。于是，国人、世人看到，在中国周边烽火连片，狼烟四起，"C型"包围遏制的态势愈发明显。中国古训："国虽大，好战必亡；天下虽安，忘战必危。"备战而不忘战，才是和平与发展的最好保证。然而，多年来在太平盛世的幻象下，忘战、不敢言战的中国人比比皆是。而如今，领土纷争引发政治挑衅、军事对峙的愈发明显，中国的军事安全自然不容乐观。

经济安全最为严峻。在越开放越安全的观念指导下，中国在经济上陷入近乎全面的安全困境。首先，货币主权的弱化，成为中国经济不安全的滥觞。人民币发行主要不是依据中国经济尤其是实体经济发展的需要，而是依据引进外资（美元）的数量来确定。中国人民银行依法不能购买本国财政债券，却大量购买美国国债，"支持"美元，"支持"美国财政赤字。其次，无限引进外资，构成中国经济安全的持久之痛。因为外资不一定是先进生产力。如此下去，中资永无出头之日。第三，外贸始终处于严重不等价交换地位，不仅是8亿件衬衫换1架空客的国际分工悬殊的悲哀，"买什么，什么就贵；卖什么，什么就便宜"之咒，更主要的是我们拿真实的资源、优美的环境、劳动者的心血，换得的是没有任何实质价值的美元纸张或电子符号，而且还把这种纸面财富交给美国使用，美国投资家、华尔街再以之来华投资继续盘剥中国。第四，环境、资源危机空前。中国不仅没有大量积累黄金，弱化货币主导权，而且丧失对黑金（石油）等能源的定价权，任由跨国垄断资本宰割，对蓝金（水）等自然资源挥霍无度浪费严重，在白金（白云蓝天）等自然环境的损毁上触目惊心，由此对国民身体健康、国家可持续发展、国土综合长效利用等产生持久不利影响。倘若有良好的资产评估师、会计师，能够对中国几十年的经济增长的总成本与总收益进行全面而准确的核算，颠覆性结论能否出现也未可知。

社会安全不断恶化。社会是市场、政府的起源，决定着市场形态与政府结构。但是，市场往往与政府联合，不断挤压社会的发展空间。这种作为西方社会沉疴的不良迹象，近年来在中国出现了。正是被缺乏有效监督的市场、缺乏有效约束的政府双重挤压，中国社会出现了愈发严重的个人原子化、社群碎片化趋势，集体所有制、合作（伙）制等体现社会健康发展的各种机制的生存日趋艰难。更为严重的是，随着新自由主义在中国的持续泛滥，随着中国市场化改革的不断深入，市场作为"撒旦的磨坊"的功能越发凸显——资源破坏、环境恶化、两极分化等市场劫难——恶魔般地缠绕着中国因 GDP 飙升而不断肥胖的身躯，使弱势一族承担了与其地位越来越不相称的成本，有名义增长而无实质发展的状况越来越突出，社会矛盾由此不断加剧，群体性事件进入明显的高发、多发阶段。一些别有用心者乘机将"公民社会"等资产阶级价值理念兜售给不明就里的社会大众，导致社会大众出现饮鸩止渴似的精神疾患，仇官、仇警、仇政府等不良心态野草般在中华大地疯长，不仅直接威胁政府有效执政——政治安全，也威胁到市场有序运行——经济安全。

政治安全日趋突出。经济安全与社会安全的恶化，直接导致政权安全的严峻。多年来，中国战略重心一直安放在"以经济建设为中心，坚持四项基本原则，坚持改革开放"之上，但是在国家战略具体实践过程中，出现了"一手硬，一手软"的状况，即"聚精会神搞建设，一心一意谋发展"，按经济增长业绩考核干部，以 GDP 论英雄，忽视了执政能力与执政水平建设、忽视了精神文明建设、忽视了意识形态建设。更为严重的是，新自由主义、历史虚无主义、物质享乐主义（拜金主义）、机会主义等等非社会主义价值观念蔓延，社会主义的国家性质、"立党为公，执政为民"的共产党本质理念被不断模糊。一些人鼓吹西方宪政民主，反对一党执政。尤为甚者，这种乱象背后有境外强大政治力量的支持，例如，香港非法"占中"事件特别值得警示。政治安全，政权安全，尤其是意识形态安全日趋突出。

网络安全雪上加霜。当今，网络已成为主权国家必不可少的新空间、新媒体与新权力，成为个别国家维护霸权的新工具。网络虚拟空间越来越实，网络媒体影响力越来越大，其地位与作用日益超越甚或取代传统媒体。多年来，在新自由主义思想影响下，忽视了网络主权掌控与网络有效监管，忽视了国际垄断资本对中国包括 IT 企业在内的网络主体的渗透与控制。以市场化（实质资本化）为主导的网络新媒体，其资本性远远超出党性、人民性，阶级属性超出国家民族属性。如此，某些中国网络媒体差不多成了国际垄断资本的附庸，或多或少、或大或小、或明或暗为跨国垄断资本服务，与境外敌对势力一唱一和，客观上站到了与国家民族利益、社会主义核心价值、主流意识形态的对立面。中国的网络空间近乎成为法外之地、无政府的新滥觞，成为少数"意见领袖"与资本实现知识力量与金钱力量交易的平台，成为敌对势力反党、反国家、反社会主义的工具。鉴于网络空间已内在成为军事、经济、社会、政治的重要组成部分，国防安全、社会安全、政治安全、经济安全等都与网络密切相关，而混乱的网络秩序为日趋严峻的国家安全雪上加霜。

有鉴于此，国际"和平与发展"主题的游移，为中国的战略机遇期笼罩了一层阴影；国内各种问题与风险的不断累积，使得矛盾凸显期愈发明显。内外负面因素相互影响，负能量不断叠加，给中国的国家治理提出了挑战。习近平总书记就党的十八届三中全会决定所作的说明强调："当前，我国面临对外维护国家主权、安全、发展利益，对内维护政治安全和社会稳定的双重压力，各种可以预见和难以预见的风险因素明显增多。而我们的安全工作体制机制还不能适应维护国家安全的需要，需要搭建一个强有力的平台统筹国家安全工作。设立国家安全委员会，加强对国家安全工作的集中统一领导，已是当务之急。"① 国家安全委员会的设立标志着国家战略部署的重大调整，突出显示安全的"软"道理正越来越"硬"。

发展与安全的平衡：实现国家治理现代化

由于生存条件艰巨，中华民族因此很早就有了强烈的危机意识——安全感。《周易》就告诫，"君子安不忘危，存不忘亡，治不忘乱，是以身安而国家可保也"。《孟子》的警告更加直接——"生于忧患，死于安乐"。历史上，只要王朝的统治者具有这种危机意识，时时如临深渊，处处如履薄冰，就能实现长治久安，就能出现太平盛世；反之，一旦统治者忘乎所以，直把杭州作汴州，把他乡当故乡，把乱世粉饰成盛世，不久就会有内部揭竿而起，外部强敌入侵，王朝灰飞烟灭。

自鸦片战争后一百多年"落后挨打"的教训深刻揭示，中国最大的不安全因素，就是发展缓慢，停滞不前。所以，发展是硬道理。然而，以资源破坏、环境恶化、经济依附、道德滑坡等等为代价的不可持续的发展，同样是当今以及未来相当长一段时期中国主要的不安全因素。倘若不能及时有效解决这些不安全因素，那么发展的成果便会化为乌有。苏联解体、东欧剧变、阿拉伯之春等"颜色革命"一再揭示：发展是硬道理，安全也是硬道理。不发展危险，不可持续的发展、无质量的发展同样危险，而不公平发展、两极分化的发展更加危险。后者正是先哲"不患寡而患不均"思想的印证。加快落后地区的发展，实现更加公平与均衡的发展，与自然保持和谐的发展，对于增进国家安全、改善国家治理，意义重大而深远。安全规定着发展的边线、底线与红线。

对中国这样的发展中大国来说，发展是解决安全问题的最佳手段，但是发展的理念、战略、模式、路径的选择，直接关系到国家安危程度。就世界历史与当今国际现实来看，诸多国家出现的不安全状况——极端情形就是危

① 习近平：《关于〈中共中央关于全面深化改革若干重大问题的决定〉的说明》，《人民日报》2013 年 11 月 16 日。

机——恰恰是不当的发展造成的、加剧的。正是在新自由主义的指导下，诸多亚非拉国家选择了以极端"市场化、私有化、自由化、国际化"为核心的"华盛顿共识"，积极推行与本国国情和发展阶段不相适应的改革开放，由此不断积累风险而最终爆发危机，金融危机→经济危机→社会危机→政治危机→政权危机及至国家危机，一步一个脚印落入发展的泥淖，即所谓"中等收入陷阱"。阿根廷、泰国等诸多原本被国际组织看好或吹捧的"经济明星"由此一蹶不振。

市场机制具有不可避免的两重性，仅仅依靠市场发展，本身会带来安全问题。市场调节时常失灵，有很多的"死角""盲点"和"鞭长莫及之处"。因此，市场机制本身有边线，不能无止境地扩张，不能放任自流，要"无形的手"与"有形的手"相匹配，积极发挥市场在资源配置中的决定性作用与更好发挥政府作用相协调。

市场导向思维，要把社会成员个个都变成精打细算——个人利益最大化的经济人，个人原子化，社群碎片化，原本的命运共同体蜕变为利益共同体，有利就是合伙人，无利便是陌路人，利益冲突甚或变成了对手敌人。人、自然、货币是一个社会赖以存在、健康发展的基础。人、自然、货币不能市场化、不能商品化，这个原则是社会这个命运共同体存续与健康发展的底线。但是，市场的扩张，资本主导的市场把人变成了商品——劳动力可以买卖；自然变成了商品——土地可以兼并，环境被肆意破坏；货币也变成了商品——金融资本操控的央行把货币这个购买力变成了自己的禁脔。

政府原本为以市场化改革为导向的发展设置了红线——即国家利益、国家主权不可以交易，更不可跨国交易。但是，当今中国，早已成为经济人的一些中国精英无红线交易——出卖朋友、出卖团队甚至出卖国家都成了家常便饭，司空见惯。

这些关乎市场、社会、政府三者科学定位、有利于国家治理的边线、底线与红线，都是在"发展"的名义下，实际也是在发展的实践中，被不当的发展而模糊、而穿越、而废弃。因此，仅有GDP的增长，不是发展；少数人少数地区少数行业的增长，不是发展；"吃祖宗饭，断子孙路"赢得的增长，不是发展；长期停留在国际分工低端的"低质量的增长"，不是发展。发展，必须是过去、现在与未来之间实现代际公平发展，必须是东部、中部与西部地区之间实现平衡发展，必须是城乡之间、行业之间、职业之间实现均衡发展，必须是农业、工业、国防、科学技术与国家治理"五个现代化"实现全面发展。只有实现公平、平衡、均衡、全面发展，人民物质文化水平切实改善——不再会有"美国的月亮比中国圆"，综合国力显著增强——小国敬畏、大国不敢造次，国家竞争力明显提高——"中国制造""中国风"享誉世界，那么中国的国家安全，包括军事、经济、社会、政治、网络等在内的安全，才有切实可靠的保障。

党的十八大报告以及三中全会的决定都明确指出，"发展仍是解决我国所有问题的关键"，而习近平总书记则强调，"国家安全和社会稳定是改革发展的前提。只有国家安全和社会稳定，改革发展才能不断推进"①，"既重视发展问题，又重视安全问题，发展是安全的基础，安全是发展的条件，富国才能强兵，强兵才能卫国"。② 很显然，发展与安全构成我国社会主义初级阶段的一对长期矛盾。在发展的"硬"道理越来越"软"的同时，安全的"软"道理正越来越"硬"。要实现国家治理现代化，就必须处理好发展与安全的矛盾。十八届三中全会以来，党中央在"科学发展观"基础上，提出"总体国家安全观"，在组建"全面深化改革领导小组"的同时，成立了"国家安全委员会"，积极推进国家治理体系与治理能力现代化建设，如此在理论战略与政策机制上确保发展与安全的平衡。有鉴于此，国家的繁荣与稳定、长治与久安是完全有理由值得期待的。

笔者多年致力于国家安全尤其是经济安全的分析研究，深感相当长一段时期以来由于未能处理好"一手硬"与"一手软"的问题，中国的国家安全在发展中不断恶化，安全稳定与改革发展日趋失衡，由此撰写了一系列文章，出版了"国家经济安全"系列读本，引发广大读者关注，产生一定社会影响。但是，类似笔者这样的"不和谐声音"远不足以影响"一心一意

① 习近平：《关于〈中共中央关于全面深化改革若干重大问题的决定〉的说明》，《人民日报》2013 年 11 月 16 日。

② 《习近平：坚持总体国家安全观　走中国特色国家安全道路》，2014 年 4 月 15 日，见 http：//news. xinhuanet. com/politics/2014-04/15/c_ 1110253910. htm。

谋赚钱"的发展导向。有道是"形势比人强"。相对于学者口干舌燥的呼吁，中国的国家安全严峻形势对大众的教育影响更为强烈。与当初相比，今天的国人对于国家安全的认知有了普遍提高，党和政府对于国家安全的维护给予高度重视，这必将有利于国家安全研究工作的深入开展，对于像笔者这样的理论工作者无疑是一个极大的鼓舞。

　　本书中一些文章成稿发表较早，引用数字、遣词造句等留有旧日的烙印，虽然做了相应刷新，但是有的与上下文仍难以浑然一体，影响流畅阅读。更为重要的是，受笔者学识水准所限，一些文字段落可能直观表述有余，逻辑推理不足；感性有余，理性不足；批评有余，建设不足；等等，诸多不是之处请读者海涵，笔者在今后的治学中将努力克服。

江涌

2014 年 12 月

析经社常理

| XIJINGSHECHANGLI |

"泡沫下的啤酒" 与 "啤酒上的泡沫"

当今世界经济乱象丛生，动荡连着动荡，危机套着危机，究其根源，主要在于虚实失调，头重脚轻。

虚拟经济的过度膨胀

实体经济是指物质与精神产品的生产、销售及提供相关服务的经济活动，是财富创造的基础和经济增长的原动力。但是，纯粹的实体经济（如物物交换）费时费力费财，摩擦系数大，运转成本高，经济活力不足。鉴于此，虚拟经济应运而生。

虚拟经济包括金融乃至博彩、收藏等游离于实体经济之外，且易于产生泡沫的"轻资产"领域。虚拟经济适度发展可以优化资源配置，提高经济效益，促进经济增长。正如卡尔·马克思所言："假如必须等待积累使某些单个资本增长到能够修建铁路的程度，那么恐怕直到今天世界上还没有铁路。但是，集中通过股份公司转瞬之间就把这件事完成了。"①

虚拟经济原本从属、服务于实体经济，但是随着金融化、信息化、全球化的发展，使用价值与价值愈发分离，财富创造与价值创造发生分离，虚拟经济渐次并加速远离实体经济，异化为资本价值形态的独立运动。如此，出现了可以脱离生产和服务挣钱，"用钱挣钱"，甚至"玩钱挣钱"的怪相。虚拟层次越高，资产规模越大，流动速度越快，国民经济头重脚轻的状况也就

---

① 《马克思恩格斯文集》第五卷，人民出版社 2009 年版，第 724 页。

越严重。据统计，世界每天有数十万亿美元的金融交易，与实体经济有关的不过1%—2%。① 如此，众多发达国家经济乃至整个世界经济呈现"倒金字塔"形态，从根本上失去了稳定的基础。

传统市场理论认为，市场机制会优化资源配置。但是，过度发展的虚拟经济则颠覆了传统理论，即不是选优而是选劣，投机替代了投资，纷纷倾向高风险、高收益资产，如此导致一种极端情形，"垃圾债券"成为市场追捧对象。同样，依据传统市场理论，市场机制会使商品价格向均衡价格收敛，波动的市场最终会趋于稳定。但是，过度发展的虚拟经济则颠覆了传统理论，即价格不是收敛而是发散，金融市场"追涨杀跌"已成常态，由此市场不是趋于稳定，而是变得更加动荡。

泡沫经济的折戟沉沙

虚拟经济作用实体经济的同时，往往会滋生经济泡沫。适度的经济泡沫有益于社会经济，对经济运行具有润滑与减震作用，学者类比解析"有泡沫的啤酒喝起来才有味道"。然而，消费者最终要喝的是"泡沫下的啤酒"而不是"啤酒上的泡沫"。

前资本主义时期，由于经济内嵌于社会，政府的权力与社会的民力远远超过资本的钱力，"重本抑末"的思想及政策居于主导，资本绝大多数时间被抑制。然而，《汉书·食货志》有言，"夫用贫求富，农不如工，工不如商，刺绣文不如倚市门"，在商品经济并不发达古代中国竟然出现"一丛深色花，十户中人赋"，与17世纪荷兰"郁金香狂潮"有着异工同曲之妙。

资本主义兴盛后，钱力膨胀成为趋势，不仅俘虏了权力，也奴役着民力，资本的扩张与嚣张日趋肆无忌惮。卡尔·马克思指出，一切采取资本主义生产方式的国家，都周期性地患上一种狂想症，企图不用生产过程作媒介

---

① 根据标准普尔统计，2010—2012年，世界股票交易总额占GDP之比分别为106%、104.82%和72.43%。

而赚到利润。工业资本主义时期，由于受到资本积累规律、工会与以产业资本为基础的资产阶级政权的制约，暴富狂想症只能间歇性爆发。但是，金融资本主义取代工业资本主义后，暴富狂想症被推到无以复加的境地，赚快钱、赚大钱、赚昧心钱的金融投机愈演愈烈。

投机之于经济犹如风帆之于航船。当海风轻轻吹拂，后浪推前浪，帆鼓船行；如若风高浪急，则可能帆折船翻。从历史视角看，"折戟沉沙"为后来寻宝者提供了惊喜，也为史学家与考古工作者提供素材。但是，当时人、当事人目睹甚或经历不幸，船毁人亡，家破国殇，凄惨悲切。滥觞于美国次贷危机的国际金融危机，给国际金融与世界经济投下震撼弹，使众多经济体风雨飘摇。危机揭示，现代虚拟经济摧毁财富正如它能创造价值一样迅速，而且摧毁的不仅是财富价值，还有规则秩序，以及道德良知。

实体经济才是定海神针

从根本上说，虚拟经济本身并不能创造财富，其投资收益主要来自分割实体经济所创造的财富，转移实体经济所创造的价值。因此，虚拟经济越繁荣，经济泡沫就越大。而"经济泡沫"与"泡沫经济"无缝对接，自然演绎，决策者稍有不慎，即可让"经济泡沫"膨胀恶化为"泡沫经济"。当实体经济占据主导时，生产周期决定危机周期爆发。但是，虚拟经济膨胀导致经济泡沫常态化，金融与经济危机便频繁出现。

就世界经济史来看，资产泡沫越大，爆破时破坏力也就越大。一个超级资产泡沫的诞生通常在于宽松货币政策而引发的流动性泛滥，而监管缺失下的投机恰恰会成为资产泡沫的酵母。历数欧洲货币危机、墨西哥金融危机、东南亚金融危机以及这次国际金融危机，无不揭示出市场恶性投机与当局疏于监管的教训。

实体经济是大众就业的主渠道，是社会财富的源头，是科技与产业创新的基础，是工程师与企业家的摇篮。虚拟经济膨胀会扭曲资源配置，导致实体经济尤其是制造业因严重"贫血"而萎靡不振，导致就业困难，源头枯竭，创新萎靡。虚拟经济膨胀会湮没企业家精神，社会不事产业，弃实务虚，导致金融投机猖獗，"博傻"游戏盛行，以金融创新之名行商业欺诈之实层出不穷。虚拟经济膨胀会加剧两极分化，中产阶层塌陷，如此期待的"橄榄型社会"因中间坍塌而收缩成为"M型社会"，社会也因此丧失稳定的基础。历史与现实一再揭示：一个沉湎于股市、热衷于房地产投机等虚拟经济的国家与民族，肯定是没有前途与希望的。

"摩天楼魔咒"的启示

摩天楼的前世今生

人类是伟大的,可以把想象变为现实,创造了一个又一个世间奇迹;人类也是渺小的,为彰显自己的伟大,建造了一个又一个宏大建筑——古希腊宙斯神像、阿尔忒弥斯神庙、埃及金字塔、巴比伦空中花园等等——来掩饰自己的渺小。尽管人类社会在不断进步,但是通过彰显自己伟大来掩饰自己渺小的情结没有改变。

人是各类社会关系的总和,其力不如牛,行不如马,而牛马为之所用,何哉? 群也。人的本质特性在"群"。但是,人群形形色色,由于历史演绎的偶然性与现实竞争的残酷性,人群中造就的强者与富人,为突出自己的出类拔萃,更倾向于通过宏大的建筑来显示出他们高人一等。尽管人类社会在不断进步,但是富人和强者以传统方式显示他们高人一等的劣根性没有改变。

依照《圣经·旧约》的描述,人类最初使用同一种语言。大洪水劫后,诺亚的子孙越来越多,人满为患,于是向东迁徙,定居于底格里斯河和幼发拉底河之间一块非常肥沃的平原,在此修筑的巴比伦城美丽繁华,垒起的通天塔直插云霄。然而,人类的欲与天公试比高的妄为触犯了上帝,于是上帝决定让人类语言错乱,彼此交流产生障碍,不能同心协力,以致无所作为。

遭遇上帝惩罚后,人类并未迷途知返。今天,现代科技不断发展,财富不断被创造，为人类通过宏大建筑来彰显自我膨胀的情结或高人一等的劣根性提供了更为充分的条件，这使人类的非理性意志——人定胜天，征服自然——愈发无以复加。那些强者与富人为越建越高的摩天大楼，编织了另一个看似非常冠冕堂皇的理由——经济性，即人口增多、聚居扩张，令城市的发展依照"最经济"的方式进行。由于单位土地能够承载更多人口、创造更多价值，因此越来越多的摩天大楼越建越高。

但是，经由科学核算，超过300米的摩天楼，建造、维护的经济成本迅速上升，导致越高越不经济，而且建筑越高越不环保、不人性、不宜居。自从人类因为修建通天塔而遭到上帝惩罚后，摩天大楼似乎于冥冥之中附着一股邪气，那些对大自然毫无敬畏之心者不断遭遇天谴或莫名报复。摩天大楼的建造者使出百般解数，防火，防风，防震，防天打雷劈，防恐怖袭击，然而防不胜防，最终也无法使人摆脱对摩天大楼的恐惧。

摩天楼的魔咒

对于摩天楼的评价褒贬不一，相去甚远。膜拜者认定，摩天大楼是一个城市甚至是国家的荣耀，是伟大的艺术品，是经济繁荣、社会进步的标志。不过，在一些经济学者看来，摩天大楼依旧是一件经济性物品，是经济尤其是金融的力量推动着摩天大楼拔地而起。拉伸历史的视镜，会有趣地发现，摩天大楼的建设热潮往往伴随着金融危机或者经济衰退。

1904年到1909年期间，美国纽约的胜家大厦和大都会人寿保险大厦相继刷新世界高楼纪录，期间金融危机席卷全美，数百家中小银行倒闭；1929年、1930年和1931年，纽约的华尔街40号大厦、克莱斯勒大厦和帝国大厦相继落成，期间发生了世界经济史上最为骇人的"大萧条"；20世纪70年代，纽约的世界贸易中心和芝加哥的西尔斯大厦一跃成为全球最高，随之而来的是石油危机，美元狂跌，最终引发了1973—1975年的世界经济衰退；1997年马来西亚吉隆坡双子塔楼刷新世界最高纪录，东南亚金融危机也随之发生。

1999年，德累斯顿投资银行（Dresdner Kleinwort Benson）的经济学家安

德鲁·劳伦斯（Andrew Lawrence）通过上述经验观察，提出了一个"摩天楼指数"（Skyscraper Index），认为世界摩天大楼开工建设与商业周期波动高度相关，而摩天大楼的竣工往往是经济盛极而衰的拐点，亦即大厦建成之日，往往便是经济衰退之时。经济学界称之为"劳伦斯定律"，或干脆称之为"摩天楼魔咒"或"劳伦斯诅咒"。

"摩天楼指数"一出，议论纷纷，褒贬不一。通过历史观测贸然得出结论，尽管有些牵强，但也并非完全附会。2005年，有个叫马克·桑顿（Mark Thornton）的好事者运用奥地利经济学派中称为"坎蒂隆效应"（Cantillon Effect）的理论，有模有样地对"摩天楼指数"背后所蕴藏的含义做了系列分析。其结论是，"摩天楼魔咒"原来并非经典学者所鄙视的那样，当然亦非一些小报记者煽惑得那样玄而又玄。自"摩天楼指数"诞生后，2000年至2001年建成的台北101大楼见证了高科技泡沫破灭，全球股市狂泻。2008年8月，上海环球金融中心落成，9月全球金融海啸汹涌而至。2007年7月，828米的"哈利法"塔被正式确认为全球最高建筑，期间不仅金融风潮横扫欧美，而且直接有迪拜的债务危机。冥冥之中，"摩天楼魔咒"似乎在频频显灵。

环视当今世界，林立的摩天楼，并非是什么荣耀与繁荣的标志，而是城市化过程中房地产泡沫留下的斑斑印迹，是经济泡沫的代表与人们非理性的体现。世界经济史一再揭示，凡是以房地产推动经济增长、促进社会繁荣的国家，最后近乎都未能逃过资产泡沫膨胀、破灭与金融危机的命运，似乎必然要遭受"摩天楼魔咒"。一簇簇水泥丛林，往往成为逝去的繁荣时代令人惆怅的纪念碑，一个个试图要刺破青天的摩天楼，成为见证浅薄轻狂岁月的标志。

中国的启示

类似今日的"摩天楼魔咒"，中国历史上演绎的"宏伟建筑魔咒"不乏其例，不只是长城、阿房宫这样的稀世奇观，更多有秦砖汉瓦垒就的无数亭台楼阁，王侯将相大兴土木，导致天怒人怨，最后一一被改朝换代。是谓

"眼见他起朱楼，眼见他宴宾客，眼见他楼塌了"。史学家们研究历史兴替，不只在故纸堆中，亦可在楼起楼塌的瓦砾堆中，"自将磨洗认前朝"。

同样，华夏后人更多的只是哀之而不鉴之。曾几何时，为出政绩，或彰显政绩，各地方政府，都铆足劲，你追我赶，比试更新（城市建设拆旧，包括古建筑）、更高（城市盖高楼）、更快（城市 GDP 增长）、更强（城市竞争力排名）。近年来，中国一些地方政府大搞形象工程，上至一线城市，下到普通县城乃至小镇，都开辟了光怪陆离的城市广场。如今，在做大做强的宏伟蓝图中，横向发展（城市广场）的比试已经意兴阑珊，而对宏伟建筑、摩天大楼的热情被极大地激发，各地便纷纷转而纵向发展，展开一场你追我赶的摩天大楼竞赛。

在一些城市经营者、地方精英的眼中，如果本地区没有像样的摩天大楼，就难以成为国际性大都市。据统计，目前全国有上百个城市提出要"走向世界"，要兴建"国际大都市"。而所谓"国际大都市"就要开辟国际商务中心，就要拥有更多的摩天大楼，甚至是世界或亚洲第一高楼。据 2012 年《摩天城市报告》显示，若采用 152 米为统计基线的美国标准，截至 2012 年，美国有 533 座摩天大楼，中国则有 470 座摩天大楼。中国在建摩天大楼占全球的 87%。预计 2022 年，中国摩天大楼总数将达 1318 座。这导致经济泡沫尤其是房地产泡沫不断膨胀。在泡沫中，摩天大楼正成为经济泡沫中最大、最突出、最为色彩斑斓的泡沫。

西方工业化、城市化与国际化渐次推进，数百年间完成，如此也周期性遭遇经济泡沫，尤其是在以房地产作为主要产业的国家，屡屡遭受"摩天楼魔咒"。中国工业化、城市化姗姗来迟，工业化、城市化与国际化要一气呵成，要毕其功于一役。其结果令人深忧。

土地是财富之母，工业是财富之源，创造财富的是农与工。然而，"夫用贫求富，农不如工，工不如商，刺绣文不如倚市门"。随着资金不断进入金融业与房地产业，中国的虚拟经济不断膨胀、持续繁荣，国民经济出现了结构性"虚热实冷"怪相，"刺绣文"愈发不如"倚市门"。大量资金从实体经济领域不断流出，涌入股市等虚拟经济。由于结构性问题，短期内流入楼市、股市的资金一时很难再流回实业，股市等虚拟经济的"吸金效应"

难以改变。中国正处于工业化上升阶段，科技创新，制造业升级，产业结构转型，劳动力素质提升等等，是中国走向现代化的基础，是实现国家强大的必经之路，金融业、房地产业急速发展，导致优秀人力、优质物力、巨大财力从制造业撤离，实际是对中国现代化的釜底抽薪。

因此，以摩天大楼代表的房地产业的繁荣，绝对不是中国经济健康成长的标志。

定价权与标价权：国际资源争夺的焦点[*]

当前，被美国前总统尼克松称之为"第三次世界大战"的"资源决战"已经接近白热化。

这场争夺战的历史轨迹与内在逻辑清晰表明：在经济全球化的大势下，一国金融实力的大小往往直接决定该国对国际资源的利用水平，国际资源争夺的实质是金融战，争夺的焦点越来越集中于资源的定价权与标价权。

传统上，国际资源争夺主要集中在开采权与实际控制权，但是自20世纪70年代石油危机以及相应的资源类期货市场建立以来，国际资源的争夺越来越集中于资源的定价权与标价权。在现代市场体系中，期货市场具有发现价格、转移风险和提高市场流动性三大功能。自期货市场诞生后，相应的商品市场便成为金融市场的一部分，期货石油、铜等矿产资源也就有了金融产品的属性。

但是，发达的资源消费国，通过国际卡特尔，尤其是金融寡头的操纵，使之成为买方市场，尤其是在建立国际期货市场后，资源定价权由资源生产国转移到资源消费国。正因如此，当今世界几乎所有大宗商品价格都由发达国家主导甚至直接决定，国际石油价格也主要由期货市场的交易价格主导。国际石油市场供求双方在签订供货合同时，通常只是确定某种计价公式，计价公式中的基准价格一般与石油期货市场上的石油价格直接相连，即国际油价的定价方式是间接的，期货价格通过计价公式直接影响现货价格。纽约商品交易所和伦敦国际石油交易所这两大市场属于美英两国的金融寡头，金融

[*] 本文原载于2006年4月3日《中国经营报》。

寡头控制的金融资本在石油市场翻云覆雨，获取巨额投机利润，对国际油价的影响越来越大，往往超过石油输出国组织。然而，随着欧盟的壮大、新兴市场的崛起以及资源生产国自主意识的增强，国际资源定价权的争夺正日益激烈。

对资源定价权的争夺
——从石油生产国部长到期货市场的投机商

当西方主要石油消费国建立起石油期货市场后，油价形成的特殊机制决定了石油价格大幅度波动的关键因素来自于期货投机的影响。因此，世界油价从石油输出国组织石油部长的会议桌上逐渐转移到纽约和伦敦交易所石油炒家的"沙盘"中。

目前，世界石油日供应量约8400万桶，日消费量约8300万桶。① 当油价在35美元/桶时，纽约商品交易所每天的原油交易约为7000万桶。随着投机资本的涌入，油价迅速攀升。当油价为50美元/桶时，纽约商品交易所日交易量达2亿桶，伦敦国际石油交易所日交易量更接近4亿桶，两大交易所石油日交易金额则高达300亿美元，但是世界石油实际日消费金额也只约40亿美元。据估计，石油期货市场在比较正常的情况下，真实需求只占交易总量的30%，而投机兴盛时，真实需求不到交易总量的10%。国际油价的非理性飙升绝非偶然，是金融资本与金融寡头兴风作浪使然。也正因如此，就对国际油价的影响力而言，皮肯斯等石油炒家超过了海湾国家的石油部长。

对资源标价权的争夺
——"美元石油"与"欧元石油"之争

美元自充当石油贸易的"一般等价物"之后，随着两次石油危机的出

---

① 据美国能源信息署（EIA）估算，2013年，全球石油及其他液体燃料日均消费量为9050万桶。

现，生成了对国际金融产生巨大影响的"石油美元"，并形成了所谓"石油美元环流"。

这给美国金融寡头带来持续的丰厚收益，甚至直接支撑着美国经济的繁荣。但是，石油以美元计价以来，其价格波动日益加剧，原因不仅在于石油市场的供求，更主要的是石油计价货币——美元币值的起伏以及美国对外政治、经济政策的变化。在每次油价大幅波动当中，西方石油类金融寡头总是赚个盆满钵溢。而作为国际主要石油输出者，石油输出国组织不仅难以获得"石油溢价"的更多好处，而且还在油价波动中不断降低国际市场份额，并遭受国际社会的普遍指责。一些非石油输出国组织产油国（如俄罗斯）由于生产能力已逼近极限，同样难以持久获利。

有鉴于此，早在美国发动伊拉克战争前夕，包括美国亲密盟友沙特在内的一些中东石油生产国就曾表示要增加石油出口的欧元结算部分，或将"美元石油"转换为"欧元石油"。2003 年 10 月，俄罗斯能源部门曾暗示可转用欧元来计算油价，此后普京提出，俄罗斯应考虑用欧元作为出口石油标价。从 2003 年年底到 2004 年年初，石油输出国组织多个政要纷纷表示：从长远看，必须将欧元代替美元作为原油的结算工具提到议事日程上来。另一产油大国印度尼西亚也有类似表态。如果众多石油输出国都用欧元来计价与结算石油交易，就会动摇美元在全球石油等大宗商品贸易领域的统治地位，进而会动摇美元的金融主导和美国的经济霸权地位。如若方案得以实施，那无疑将是一场革命。

因此，可以想见美国拼命也要维持美元的标价地位。有研究显示，2000 年 11 月，伊拉克前政府决定将石油交易从美元转换成欧元，后来又将 100 亿美元储备改为欧元。美国经济学家随后预言："当伊拉克在 2000 年年底转向欧元时，萨达姆的命运就已注定。"

国际油价：为什么这么高？[*]

石油首先作为一种商品，其市场名义价格由计价货币标识；其次，石油作为一种能源产品，其价格由石油市场供求关系决定，边际与实际有效需求成为油价形成的基础；再次，在国际期货市场，石油作为一种金融产品，投机因素当然不可忽视；最后，石油作为一种战略资源，凝聚着越来越多的政治属性，成为一种政治密集型产品，政治因素主导着油价的潮起潮落。因此，若要看清石油价格的涨跌，必须弄清石油这些基本属性，否则只能是雾里看花。

经济因素构成油价基本面

第一，市场名义价格。 石油价格长期由美元标识，美元汇率走势，直接影响油价起伏。2002 年年底以来，美元汇率对西方主要货币下跌了 10% 以上，特别是对欧元、英镑和日元的跌幅更大，这导致同期国际油价上涨超过25%。美国投资银行高盛认为，国际油价已经进入了一个"极度飙涨"时期，并预测西得克萨斯原油最高价格可能达到 105 美元/桶。一些专家曾讥笑高盛预测荒诞不经。但是，有关货币专家预计，若美国不能有效解决其"双赤字"问题，则美元极有可能在某一时刻成为"自由落体"，贬值30%—40% 也毫不为过。若从美元贬值角度考量，每桶 100 美元的油价就不再是那么耸人听闻了。

第二，边际价格。 西方经济学教科书揭示，最后吸纳的一名工人工资水

---

　　* 本文原载于《世界知识》2005 年第 17 期。

平决定整个工厂的工资水平；最后一块蛋糕价格决定整盆蛋糕价格。数据显示，经济迅速崛起的亚洲对国际石油的需求日益增长，其需求增量占世界需求增量近60%，由此被西方国家指责"应为国际油价飙升负责"。尽管一些亚洲国家为自己进行了辩解，但是不可否认的是，国际石油价格的上升与亚洲的边际需求存在关联。问题的关键是，一方面，西方国家为转移视线，夸大、渲染了"亚洲因素"；另一方面，对国际资源的平等、有效利用是每个国家与地区的基本"人权"——生存权与发展权。

第三，实际有效价格。石油的国际有效供给与有效需求决定着石油的实际有效价格。长期以来，国际石油有效供给与有效需求一直处于基本平衡状态，有研究显示，实际有效价格与石油输出国组织的石油价格波动区间大体一致。自2000年3月以来，石油输出国组织通过调节产量来使油价保持在每桶22—28美元的价格区间。由于美元贬值以及石油边际需求增加，石油输出国组织考虑将石油价格波动区间上调到每桶30—40美元。尽管石油输出国组织控制着世界石油产量约40%，全球原油出口50%以上，对国际石油市场的影响举足轻重，但是市场投机与政治因素已远远超出石油输出国组织的垄断意志。

第四，投机溢价。自出现石油期货后，石油市场便成为金融市场的一部分，石油也就有了金融产品的属性。当今，国际石油价格主要由两大市场（即纽约石油交易所和伦敦国际石油交易所）的交易价格主导，而这两大市场属于美英两国的金融寡头，金融寡头与石油巨头控制的金融资本在石油市场翻云覆雨，获取巨额投机利润，仅埃克森—美孚公司2004年就从石油市场获利250亿美元。这使他们对开发新油田、增加开采量以及提高炼油能力兴趣不大。有关专家认为，在国际石油期货交易中，约70%的交易属于投机炒作；在油价上涨部分中，投机炒作因素可能占到6至8成；投机溢价每桶在15—20美元。

政治因素主导油价潮起潮落

当今，石油博弈模式已经发生了根本性转变，经济因素在起基本作用的同时，政治因素渗透到金融投机当中，加大金融市场的不确定性，影响着石油价格的潮起潮落，成为油价的主导因素，从而也就有了"政治溢价"。尽管政治因素早在几次石油危机期间就有了充分展现，但是政治因素对石油价格主导的常态化，还数当今明显。具体表现在：

其一，国际社会对石油争夺日益激烈，使地缘政治对油价影响日益凸显。石油生产大国与需求大国在石油勘探开采、管线运输、通道安全、战略与商用储备、炼油能力等各方面展开日益激烈的争夺，为此不惜动用武力或以武力相威胁。专家估测，在地缘政治风险急剧上升时期，由此而出现的"恐怖风险溢价"一度占到油价的1/4。

其二，长期以来，石油输出国组织这一国家石油卡特尔通过"限产保价"，一直影响着国际油价的基本面，对国际油市起着稳定作用。但是，以美国为首的西方国家长期以来通过各种途径削弱石油输出国组织对国际石油市场的垄断，如今石油输出国组织与国际能源机构的地位出现了明显的此消彼长，国际石油市场的主导力量越来越倾向国际能源机构。但是事实表明，国际能源机构借市场名义而主导的国际油价波动更为频繁。

其三，石油价格与美国战略紧密相关。当今世界，有且只有美国具备在政治层面操纵油价的实力，美国石油战略的核心内容之一就是主导国际市场油价：美国石油巨头以国家力量作后盾在世界广泛投资，控制或影响全球主要石油生产基地，从而获得稳定、经济的石油供应；美国控制着最为庞大的金融资本，控制着世界上主要的主流媒体，控制着国际话语权，可以很方便地对石油期货市场施加影响；美国金融寡头控制着国家政权，将自己的意志与利益上升为美国的国家意志与利益。石油价格在高位不断波动，符合美国金融寡头的利益，因而美国政府通过各种手段，确保油价高位运行；美国经济结构已高度"软化"，服务业在美国经济中占80%，因此石油波动对美国经济的影响不大，但对美国主要竞争对手的影响要大得多，因此利用高油价打击竞争对手成为美国的一个重要政治工具。

弱者：是弱体，更是弱智*

天下熙熙攘攘，皆为利来利往。"利"不可从天而降，所以想获利，或想获多利，甚至暴利者，不仅要劳其筋骨，更须苦其心志，挖空心思，竭尽谋划，努力争取。个人如此，集团如此，国家更是如此。小利小谋，大利大谋，无利更是要谋，要无中生有，谋生图存。

古今中外，只要心志健全的人，都会有所图谋，都想以最小的成本——最省钱、最省时、最省力（战争中最小的人员伤亡）——获取最大的收益，实现谋划目标。因此，谋略成为一门学问，出现一大批专才——谋士，也孕育出一大行业，古代中国有"翰林"，今日美国有"智库"。当今，美国拥有数千家智库，每年耗资数千亿美元，数十万高智商人士从事这一产业，为政府、企业出谋划策。这正是美国霸业的智力基础与保证。

"谋"的最主要特征，就是隐蔽性，是谓"阴谋"。所谓"阳谋"本质上是不成立的，古今汉典中，没有"阳谋"一词，所谓"阳谋"只是人们一种不严谨的说法而已。"十恶"中的"谋反、谋大逆、谋叛"无不是"阴谋"，因此以"恶恐人知，便是大恶"的逻辑，大谋大阴，小谋小阴。美国等诸多国家一般有 30 年自然解密档案的规定，但是一些谋划或因"大恶"而成为永久秘密。国际经验显示，从事情报工作或在国家核心部门工作，往往视秘密为生命，保守秘密是加入组织的基本要求。同时，为了"知彼"，会不择手段获取对方情报与谋划。因此，在我们伟大而美妙的汉字中，"谋"与"谍"在文字上只有一竖之差，实际也就是一壁之隔而已，聚室而谋，

---

* 本文以《无视阴谋论是弱智者见识》为题，原载于 2010 年 10 月 18 日《环球时报》。

然而隔墙有耳。

谋事在人，成事在天。谋划的功效关键在相关人员的素质，谋士的才干。谋定后动，执行力当然重要，但是首先在谋。俗语"文官动动嘴，武官跑断腿"，运筹差之毫厘，执行可能谬误千里。战国时期的"四君子"均拥有食客三千，人才齐备，其中不乏鸡鸣狗盗之徒，看重便是一技之长，以防千虑一失。美国一流智库云集，但是诸如越南战争、伊拉克战争等重大谋略失误也不时出现。今日世界金融自由化思潮盛行，但是金融自由化是美国人（华尔街）精心谋划的。次贷危机爆发后，美国祭出市场保护主义大旗，强化金融监管，为自由化设置障碍。然而，美国打开潘多拉匣子，放出了魔鬼，如今发现自己也无法驾驭，这正是谋的不确定性。但是，因为"谋"的不确定性而否认"阴谋"的存在，将"阴谋论"视为弱者的心理，恰恰是弱智者的见识。

阴谋古已有之，中外皆于今为烈。《孙子兵法》享誉古今中外，核心就在于其伟大而至今尚无能出其右的"谋术"。"上兵伐谋，其次伐交，其次伐兵，其下攻城"，"不战而屈人之兵"之关键在谋。若有勇无谋被人耻笑，竖子若不足与谋，成不了大业。一部《三国演义》实质就是一部"阴谋论"。古往今来，西方的谋术在长期内部厮杀、外部征战中不断演进，"特洛伊木马"与"第五纵队"层出不穷。当今国际竞争日益激烈，国家博弈日趋复杂，谋业也迅速发达。于是乎，不仅智库如雨后春笋，而且间谍同过江之鲫，连"经济杀手"这样谋中大鳄也不时浮现，如此使一些中小国家、"弱智"国家持续被置于鱼肉境地。

中国本应是足智多谋的国家，这是中国"贤人政治"的产物，也是中国五千年生生不息、百余年自强不息的重要原因所在。然而，近几十年来，西方用"自由"来清洗中国人的大脑，用"和平"来抽掉中国人的脊梁，用"民主"搅乱中国人的脚步。如此，"阶前偶有东风入，杨柳千条尽向西"。一些所谓"主流"经济学家、社会"精英"可谓沦陷了，这些"智者""贵者"自己不识马，便曰天下无马。天真地认为经济在自由运行，社会在自我发展，国际在自在交往。一切任由"看不见的手"调节，然而这只"看不见的手"在"自由"的世界经济领域就是垄断资本，在"无政府"

的国际关系领域就是美国强权。于是，不难看到，近年来，中国对外交往日益被动，最大债权国屡屡被最大债务国敲打，动辄得咎，一个重要原因就是，我们越来越不会谋略了。这本应是个体的悲哀，然而环视今日中国之困局，个体的悲哀竟然成了国人的悲哀。呜呼，哀哉！

"经济爱国主义"与"经济卖国主义"*

近年来，一股抵御外资并购内资企业、防范本土商品服务遭遇外来冲击的市场保护主义声浪正在世界蔓延。与过去不同的是，如今祭起保护主义大旗的，虽有发展中国家、新兴市场，但主要是发达国家。经济自由主义的大本营已差不多成了"经济爱国主义"的急先锋。

"经济爱国主义"也称"经济民族主义"。在欧洲，由于一般为单一民族国家，因此"经济民族主义"容易理解。但是，对于多民族国家，以"经济民族主义"称谓，似乎有些牵强，所以多以"经济爱国主义"来标识当前弥漫于世界的这股市场保护主义潮流。

信奉经济自由主义教条者对于"经济爱国主义"的抨击一刻都没有停止。经济自由主义者认为，"经济爱国主义"的可恶在于：一是会削弱本国经济的国际竞争力。企业的活力缘于竞争，"经济爱国主义"是用政府的保护来排斥竞争，如此容易导致企业产生依赖心态、缺乏提高生产效率的动力，进而削弱整个国家经济的国际竞争力。二是易于使政府权力膨胀。作为国家战略，"经济爱国主义"意味着政治权力会更广泛地干涉经济事务。而政治权力干预经济一旦趋于滥用，就可能极大地破坏市场机制的正常运行。三是容易引来他国的经济报复，损伤本国正常的国际贸易和投资，进而损伤国际自由经济体制。

但是，"经济爱国主义"也没有因为遭受经济自由主义者的持续猛烈抨击而却步消弭，反而出现愈发膨胀态势，以至于使"多哈回合"这一将对

---

* 本文以《透视"经济爱国主义"》为题，刊载于《世界知识》2006 年第 22 期。

世界贸易体制产生重大影响的谈判不得不中止。基于凡是"存在"便有其"合理"一面之前提,"经济爱国主义"也不是一骂就可了之的。理性对待"经济爱国主义"远远不能从经济自由主义的教条出发。

"经济爱国主义"由来已久。当英伦三岛工业化的车轮滚滚飞驰之际,身处欧洲大陆的德意志仍然是个农业国家,停留在中世纪田园生活的时代。1841年,德国政治经济学家弗里德里希·李斯特出版了《政治经济学的国民体系》。该书鲜明地阐述,在自由竞争的条件下,一个落后国家如果没有保护,要想成为新兴的工业国家是不可能的。"保护性关税如果会使价值有所牺牲的话,它却使生产力有了增长,足以抵偿损失而有余。"在李斯特经济理论的指导下,德国最终实现了工业化,跃进世界发达国家的行列。美国也是在保护幼稚产业的前提下,经济获得长足发展而成为世界巨人。今天的工业发达国家无不是在保护中成长而最终实现繁荣富强的。

因此,保护幼稚工业的理论与实践应是"经济爱国主义"的滥觞。此后,"经济爱国主义"在国际经济中越来越司空见惯,尤其是19世纪30年代,西方国家纷纷采用这种手段来巩固其自身的安全。尽管在第二次世界大战后,独步天下的美国通过"关税及贸易总协定"(后为"世界贸易组织"所取代)等国际组织进行协调与管理,但是"经济爱国主义"始终存在并不时像火山一样喷发。极具讽刺意义的是,作为经济自由主义的大本营的欧美发达国家,如今已差不多成了"经济爱国主义"的急先锋。

透视"经济爱国主义"的汹涌潮流,乃源自经济全球化加速之大势。全球化下的国家已大大超出作为"暴力机器"的范畴。由于世界缺乏一个强有力的超国家机构,来有效协调管理全球经济事务,因此国际市场上盛行的是弱肉强食的丛林法则。强者不仅拥有强大的竞争力,而且还拥有绝对的话语权,始终占领早已倾斜了的道德高地,往往总是"在客场比赛实行一套规则,在主场却有另外一套规则"。这种无序竞争状况,早已超出了卢梭等启蒙思想家所推崇的"社会契约论",更贴近奥尔森所著《集体行动的逻辑》下的"国家匪帮论"。对于那些处于积弱积贫的群体来说,他们在国际竞争中面临的是一些强大的匪帮,因此只有依赖国家保护,才能赢得生存与发展空间。这是弱者(即发展中国家)"经济爱国主义"兴起的主因。强者

（即发达国家）"经济爱国主义"形成缘由要比发展中国家复杂得多。当今的国际政治与经济秩序决定了发达国家在国际分工中始终居于有利地位，在国际竞争中占据主动。但是，在发达国家内部，还存在着强强相争。与此同时，新兴市场在比较利益基础上，在某些行业（如劳动密集与低技术密集）形成了不可忽视的竞争优势，这给发达国家造成了一定的压力，使相关的利益团体不断强化游说，动用国家力量来保护其垄断利润与安逸生活。发达国家的"经济爱国主义"多由此生成。因此，国家是全球化下对弱者或"强者弱势"实行保护的最坚固堡垒。

有鉴于此，所谓"经济无国界"只能是一种畅想。只要有国家边界，就有经济国界；只要有经济国界，就有"经济爱国主义"；而只要有"经济爱国主义"，相对而言，就有"经济卖国主义"。尽管"经济卖国主义"称谓因敏感而不多见，但不能因此而否认它的实际存在。打着"经济国际主义"的旗号、替境外利益集团代言、中饱私囊而损害本国经济利益之行为，在世界经济史中并不鲜见。

政府采购：完善监督机制，防止监守自盗[*]

采购是市场经济条件下社会产品交换的一种必然过程，是社会消费的前置环节。社会产品采购包括国内采购和国际采购；采购的对象概括起来可包括货物、服务、工程和设施四大类；采购主体主要包括个人、企业和政府。

世界贸易组织《政府采购协议》对"政府采购"作如是表述："成员国中的中央政府、次中央政府采购、租赁、购买货物、服务、工程及公共设施的购买营造行为。"从 18 世纪末开始，西方国家为使政府采购合理有效、节省开支，一般都制定法律或规定，要求以一种公开的、竞争的方式和程序完成，并为此建立一系列审查、管理与监督机制，即政府采购制度。

国家安全是特殊公共产品

由于国际关系的复杂性，政府采购的货物、服务、工程和设施等往往会涉及一般商业交易所没有的信息安全问题。信息安全是国家安全的重要内容（也有相当一部分信息是属于商业机密），而国家安全是一种典型的公共产品。包括物品和劳务的公共产品是指这样一种产品：每个人对这种产品的消费，并不会减少任何他人对该产品的消费。

公共产品具有"非竞争性""非排他性"与"外部效应"等特征，这便容易出现"搭便车"现象。因此，单纯依靠市场自我调节，无法使受益者

---

* 本文以《政府采购与国家安全的经济学解读》为题，刊载于 2006 年 12 月 29 日《政府采购信息报》。

付费或使受害者获得补偿，导致社会收益与私人收益、社会成本与私人成本之间差异的产生，从而使得市场机制无法实现这类资源的最优配置，这是"市场失灵"的一个重要领域。

公共产品有"混合性公共产品"与"纯粹公共产品"之分，很多国家尤其是发达国家对于诸如教育、社会保障、公共卫生等"混合性公共产品"的公共支出，一般实行最低保障制度；对于水气电暖以及道路桥梁等基础设施、基础产业以及公益事业之类的"混合性公共产品"，可以实行以市场为主、政府资助为辅的方式提供。国家安全属于"纯粹公共产品"，必须由政府全额负担。因此，政府采购的不只是一般商品，不只是一般的公共产品，更包含一种特殊公共产品——国家安全。

国家安全采购有"安全溢价"

充分的竞争采购可以解决"信息不对称"问题，防止相关掌握公共资金使用权的官员产生"寻租"的动机和行动，保证公共资金支出的公开、公平、公正。对于一般商品，属于纯商业交易，通过充分的竞争采购，依照"同质价廉，同价质优"的原则选取标的，如此可以降低采购成本，节约财政资金，政府得到物美价廉的商品和服务，实现经济效益的最大化。

但是，对于涉及国家安全的采购，则必须更加注重政策性，国际惯例是一般限制在安全能得到切实保障的供给者中进行，如此往往集中于国内企业或国货（如何界定则是另一个问题）范围之内，实行限定招标而不是全面公开的国际招标。

国际上，一些大国的大使馆从建设装修到设备设施采购与维护，不仅要使用本国员工，甚至还使用本国的建筑材料，至于设备设施更会经过严格的甄别与挑选。这样必然会增加购置成本乃至会影响相关产品质量，但与此同时保证了信息安全，由此会带来"安全溢价"，从而弥补了因没有充分竞争采购而导致的损失。

采购外国品牌"表赢实输"

就中国的政府采购实践来看，一些外资企业在政府采购招标中为营造出"质优价廉"的优势，不惜杀价"放血"，甚至以低于成本价来赢得标的。表面上，中方因外企"让利"而获得了额外的"消费者剩余"，实现了经济效益最大化。但是，由于将特殊公共产品当作一般产品采购，失去了"安全溢价"，因此实际上获得的是公共产品的"次品"，以公共产品的"安全溢价"换来一般产品的"消费者剩余"。这类采购表面上是有效的，在一般产品采购上是赢家；而实际是无效的，在公共产品采购上为输家。而外企因为提供额外"消费者剩余"而造成的经济损失，则会通过其他途径获得补偿，包括来自母国政府的"安全溢价"补贴。

"表赢实输"原因解析

"收益不均衡"与"责任不对称"。经济成本是显性的，安全效用是隐性的，采购者降低经济成本可以得到领导的赞许、表彰乃至奖励，而增进信息安全则无法直接衡量，难以为自己赢得眼前的直接利益。从众多政府采购过程来看，即使政府官员完全没有任何以权谋私的"寻租"行为与动机，而且行为过程也会公开、公平、公正。但是，由于缺乏一个统一的、明确的衡量标准，"安全溢价"不好度量，相关政府官员的信息安全意识薄弱，维护国家安全的动力与压力不足，因此在采购过程中难以取得经济效益与公共效用的平衡，采购者也倾向事不关己而高高挂起，难以做到尽心尽力、精益求精，而将很多凝聚国家信息安全的公共产品采购，当作一般商品实行全方位招标。

"道德风险"问题突出。充分竞争的政府采购，可以防止滋生腐败，解决"信息不对称"问题，但这只是涉及一般商品采购。由于包含信息安全的公共产品采购存在一个"安全溢价"，即使依照充分的竞争采购，获得"质优价廉"的产品，为单位和部门实现了经济效益最大化。而实际失去了

"安全溢价"，获得的是"次品"，而这个"安全溢价"极有可能为采购者利用"委托—代理"关系的漏洞而非法获取成为商业贿赂，因此充分的竞争采购，不能解决包含信息安全的公共产品采购中存在的"道德风险"问题。

"道德风险"不仅可能存在于采购者，而且也可能存在于相关部门。政府采购偏爱洋货，若是对国家安全的无意忽视还可以谅解，而一些政府部门或相关人员受到境外利益集团的严重侵蚀，因此明知存在安全隐患而依旧"执迷不悟"，有意掩饰安全漏洞，粉饰太平，认为相关物品、劳务与企业并购、经营行为涉及国家安全是子虚乌有，是"以国家安全为名行行业保护之实"，是"狭隘的经济民族主义"，时时替外资企业着想，处处为跨国公司呵护，为此甚至不惜诋毁民族企业与民族产品。

对于那些安全意识薄弱者，"联想安全门事件"是一次非常直观而生动的国家安全教育。至于那些有意掩饰问题者，教育是无济于事的，必须采取措施予以有力棒喝。同时，要完善监督机制，防止监守自盗。

民主是个复杂的东西

中国民主化的探索

民主是个极具诱惑力的词语与极其高尚的旗号。不要轻率结论"民主是个好东西"，其实"民主是个复杂的东西"。邓小平指出，没有民主，就没有集中，也就没有社会主义。①

但是，就像"一千个读者眼里有一千个哈姆雷特"一样，对民主的理解也形形色色。萨达姆认为，伊拉克是最民主的，美国笑了（萨达姆也是"民选"总统，而且还得到99%的支持连任）；小布什认为美国是最民主的，世界人笑了（在一个3亿人的国家里，布什竟以佛罗里达州的537张选票胜出）。布什不理睬世界人的笑，执意在伊拉克根植美国式民主，结果进退失据，自取其辱。民主有内在的局限性，显然不是什么灵丹妙药，不可能解决人类的所有问题。消费民主，需要付出代价，有时候还相当高昂。民主的培育、生长需要适宜的气候与土壤，不顾经济、文化和政治等条件而贸然推行民主，会给国家和人民带来灾难。

历史虚无主义者或极端自由派认为，民主完全是个舶来品，中国人身体中没有民主的基因。他们津津乐道古希腊城邦的民主，而否认尧舜禹禅让的民主；他们追捧亚里士多德"不喜欢民主"的民主，而否认孟子"民为上，社稷次之，君为轻"的民主；他们只看到路德的宗教改革、攻打巴士底狱是

---

① 《邓小平文选》第一卷，人民出版社1994年版，第304页。

民主壮举，而否认中国历代"耕者有其田"的农民起义是民主行为。

自古以来尤其是近代以来，中国人从未停止过探索与追求民主。当西方民主思想东渐的时候，由于西方拥有系列"长技"，一些先知先觉的中国人便带着几分膜拜之情，采取"请来主义"，康有为、孙中山都是其中的杰出代表。然而，戊戌变法的失败、辛亥革命的变形，证明西方民主在中国同样存在"水土不服"。如此，新中国成立后，以毛泽东为代表的第一代领导人，在继马克思主义中国化后，继续探索着中国的民主化道路，力争以人民民主保证"拒腐防变"，避免落入中国历史政权的"其兴也勃，其亡也忽"的周期律。

十一届三中全会开启了中国社会主义现代化建设的新局面，当然也包括民主化。不过，与经济领域轰轰烈烈的改革开放形成鲜明对比的是，中国的民主化进程多半是"静悄悄的"，以至于诸多西方政界、媒界对中国民主是"失望接着失望"，认为经济的多元化没有产生他们预期的功效。但是，如果不戴"有色眼镜"，而是从中国政治史脉络来看，中国政治民主化进程取得了显著进展。

中国民主化的成就

有学者类比，民主是一个陀螺，必须转动起来才好玩。如今，中国民主进程虽不如西方期待那样迅速，但是毕竟转动起来了，而且还有声有色。

大众与官员的民主意识有了普遍且较大提高。经济持续发展与商业大潮涤荡，使得大众的官本位思想不断降低，自主维权意识显著增强，城市改建中遇到的拆迁"钉子户"屡见媒体，而且一个比一个"牛"；在官员中，随着法制的完善，各类监督的强化，当然还少不了官员自身素质的提高，"为民做主"的民主逐渐让位给"与民共主"的民主。尤其是在发达的沿海地区与大中城市，两种民主化迹象十分明显。

社会自由言论已成趋势。经济的繁荣，生活的富足，民主意识的提高，使得中国人谈论的话题越来越广泛，相应的"禁区"也越来越小，学术禁忌更是越来越少。在强大的市场压力下，中国主流媒体也越来越有看头，针砭时弊的新闻报道越来越多，越来越及时。尤其是在互联网、无线通讯等新媒体中，言论自由表现尤为突出，甚至被一些保守人士看成"过了头"，名人、要人与大人近乎"一网打尽"，不断成为茶余饭后的谈资，甚至是笑柄。高级官员不仅越来越自信，而且也善于利用多种渠道，了解民意，利用民智，去积极创造民利，以彰显政绩，提高成就感。

在民主审议制不断完善的同时，民主选举制在广大农村基层普遍施行。村支书在党员中民主产生，而村主任则更是广泛的"海选"，竞争之激烈远超一般市民之想象。尽管村委选举存在一些问题，如裙带关系，金钱收买，选出"三无"（无才无能无德）领导。然而，村委选举以及乡镇级民主选举如同民主大课堂，正培养数亿中国人的民主素养与习惯。其中的点点滴滴、是非曲直自然会成为中国的政治财富。在举国民主取得进步的同时，中国共产党内"协商民主"的进步更是显著。长期困扰社会主义政权的高层领导交替问题，在中国已经形成制度性安排，得到了很好解决，这是有目共睹、举世公认的伟大进步。

在一个几千年封建专制传统的基础上，中国于短短数十年时间，取得以上这些进步，应当是可圈可点的。西方资产阶级民主进程经过了几百年时间，而那个一直标榜自己是世界最民主的国家，是"世界民主的样板"，其妇女在国家独立后近150年才获得选举权（1920年），而黑人争取选举权花了近200年（1965年）。就是这个昨天还是一团糟，今天仍然问题丛生的国家，就以领导自居，指点起世界民主来。中国民主发展空间广阔，但是有一点似乎长久以来被人们遗忘了，或许是不愿提及，那就是"一半人类"的民主，可以肯定，在妇女的权利与地位问题上，中国不会落后西方，甚至超出西方。

法国哲人傅立叶有言："妇女解放是社会解放的天然尺度。"妇女解放的重要标志，要看是否赢得与男性同等的权利。在整个西方，即使标榜为最民主的国家至今恐怕也不敢声称，在本国实现了男女同工同酬，妇女与男性有同等的权利。但是，新中国成立后的社会主义民主就实现这一西方世界至今仍可望而不可即的社会理想。中国妇女的"半边天"的角色日益突出，在各行各业，妇女和男人一样平等参与、公平竞争，即使在政治这一特别男性化领域，也不难见到女政治家的身影。党和政府特别规定，在各类政治组织中要特别安排妇女代表，这应是中国民主化的极大亮点。习近平总书记指出，"在革命、建设、改革各个历史时期，我们党始终坚持把实现妇女解放和发展、实现男女平等写在自己奋斗的旗帜上，始终把广大妇女作为推动党和人民事业发展的重要力量，始终把妇女工作放在重要位置，领导我国妇女运动取得了历史性成就，开辟了中国特色社会主义妇女发展道路"。①

中国民主化的挑战

民主也许是个好东西，但民主绝对不是"至善"。伟大的苏格拉底就是被民主送上断头台，狂魔希特勒也是被民主推上总理宝座。在非洲、中亚、南亚和拉美等众多地区，诸多国家落入西方的民主陷阱，人民除了"民主"外，近乎一无所有，饥饿、动荡、战乱、恐怖活动等应有尽有，此起彼伏，底层大众生活异常艰难，有些还成为典型"失败国家"的范例。即使被西方鼓吹为最大的民主国家，曾与中国处于同一起跑线，如今大众生活的贫困状况、等级制度、宗教矛盾、社会凝聚力远较中国堪忧。日本、韩国与新加坡这些有着浓厚儒家文化色彩的国家，都依照本国的国情，坚定地走出自己的民主化道路。

在一个有五千多年文明的国度，在一个地域广袤、民族与人口众多的国度，在一个始终面临强敌西化、分化、弱化的国度，在一个正告别历史悲情、越来越自信的国度，对民主有着自己的越来越清晰的理解，那就是民主不止一个目标，更是一种维护国家统一、繁荣、富强的手段，必须增加国家与民族的向心力而不是离心力。因此，必须找寻适合中国国情的民主化道路。而这种探索在多种内外矛盾与压力下，在全球化与自由化日趋兴盛的态势下，相当艰难。

习近平总书记指出，"评价一个国家政治制度是不是民主的、有效的，

---

① 《习近平：坚持男女平等基本国策　发挥妇女伟大作用》，2013 年 10 月 31 日，见 http：//www.gov.cn/ldhd/2013-10/31/content_ 2519107. htm。

主要看国家领导层能否依法有序更替，全体人民能否依法管理国家事务和社会事务、管理经济和文化事业，人民群众能否畅通表达利益要求，社会各方面能否有效参与国家政治生活，国家决策能否实现科学化、民主化，各方面人才能否通过公平竞争进入国家领导和管理体系，执政党能否依照宪法法律规定实现对国家事务的领导，权力运用能否得到有效制约和监督。"[①]

从湖北"黄石事件"、贵州"瓮安事件"等可以看到，往往只是星星之火，即可燃起群体性事件。因此，经济市场化需要政治民主化作保证，不仅要保证决策与执行的公平与公正，而且更要保证普通大众公平分享改革开放的成果。真正落实"立党为公，执政为民"，实现权为民所用，情为民所系，利为民所谋。这里的"民"应当要清晰，那就是社会大多数，就是普通民众。中国革命与建设的成功反复表明，工农联盟是立国之本，权力之基；而三十年的改革开放表明，新兴阶层是当今社会的活力之源。因此，在"拒腐防变"的同时，如何在工农与新兴阶层之间，在富人与穷人之间，实现和谐，是中国民主化进程中最重要也是最迫切需要解决的课题。

---

① 习近平：《在庆祝全国人民代表大会成立60周年大会上的讲话》，人民出版社2014年版，第16—17页。

知识就是力量，智库是超级力量

中国有个俗语"三个臭皮匠，顶个诸葛亮"，那么"三个诸葛亮"聚到一起又会怎样？中国人或许倾向回答"不如一个臭皮匠"，美国人的回答很可能就是"一个大智囊"。

"智囊"也称"智库""思想库"或"智慧库"，是指以公共政策研究为核心、以影响政府政策选择为目标、非营利的研究机构。现代智库，作为重要的智慧生产机构，是一个国家思想创新的源泉，也是一个国家软实力和国际话语权的重要体现。随着现代社会与民主政治的发展，权力的知识含量越来越高，政治正越来越成为知识密集型行业。"知识就是力量"，智慧是一种软化的权力，通过吸引与说服而发挥影响力，被广泛认同为"暴力"与"财富"之外的"第三种权力"。在全球化与信息化的背景下，经济活动的变量越来越多，尤其是在金融领域，一些变量稍纵即逝，导致"测不准"的情形屡有发生，如此也加速经济领域出现管理专家化。经济是政治的基础，经济决策愈发成为政治活动的核心，在社会分工越来越细密的情形下，政治越来越官僚化。如此，在整个世界正呈现出"官僚掌权，专家治国"的态势。据美国宾夕法尼亚大学智库研究项目在世界银行和联合国总部发布的《2013年全球智库报告》统计，2013年，全球智库数量为6826家。从地区看，北美洲有1984家，占比29.07%，欧洲有1818家，占比26.63%，亚洲有1201家，占比17.59%；从国别看，排名前5的美国、中国、英国、印度和德国分别有1828家、426家、287家、268家和194家。

现代智库的发源地一般都归结到美国。20世纪初至40年代，美国正在经历从农业国向工业国、从乡村走向都市以及从自由资本主义向垄断资本主义的第一次重要变革时期，各类利益集团迅速生成，为了对国家政治施加影响，确保政府决策能够体现自己的利益，智库组织应运而生。第二次世界大战后，美国一跃成为头号资本主义强国，为成就霸业、维护霸权，美国智库如雨后春笋，迎来发展高峰期，美国规模最大、最有影响的综合性战略思想库——兰德公司就诞生在这一时期。

在美国，智库与利益集团、政府"三位一体"，真正实现智慧与财富、权力的"三足鼎立"。但是，利益集团及其财富始终处于最核心、最关键的地位，"有钱能使鬼推磨"早就成为商品社会一个万古不易的真理。利益集团经由"金钱杠杆"，千方百计通过各种渠道来影响政府决策。若直接发挥影响力便利，则直接向政府游说、委派代理人；若不便发挥直接影响力，就会借助智库、媒体等发挥间接影响力。美国的军工复合体、华尔街、能源等是最具影响力的利益集团，美国相关的内外政策，无不或多或少体现他们的利益。例如，美国周期性施压人民币汇率的举措，背后的推手就是以高盛为代表的华尔街金融机构，力图以人民币所谓"低估"为工具，来撬开中国金融市场大门，著名智库彼得森国际经济研究所所长弗雷德·伯格斯滕的有关人民币偏离"均衡汇率"等振振有辞的论述，同样不过是工具而已。但是，不论是直接游说还是间接发声，最终是殊途同归。日本前首相池田勇人直言不讳：在日本，政府是船长，财界是罗盘，船长始终按罗盘指引的方向前进。在首相的眼中，智库顶多不过是个"大副"。很显然，财团是智库与政府背后的总老板或控股股东。

智库能够及时生产与提供政府需要的思想产品，出"点子"、造"主义"是智库的最基本功能，从而为政府决策提供舆论基础和政策建议。除了职业政客外，政府无论大小都会对政治、经济等高级专业人才有着稳定的需求，而智库能够承担起为政府培养、输送高级人才的功能。当今国际政风败坏，政客越来越难取信于民。因此，官方色彩越淡薄的智库越容易成为官民理性互动的渠道，国际影响力越大的智库也越容易成为国家间交往的新型桥梁。所以，一个出色的智库能很好地在国内官民之间、在国家之间扮演"第二轨道"作用。

大众不喜欢政客，但是无法远离政府。主权政府依然是当今世界公共权力最大、最集中的组织。政府拥有支配多种资源的权力，财大气粗，威风八面。但是，智库凭借奇货可居的"第三种权力"——知识，很容易赢得政府的青睐。由于彼此都希望得到对方的资源，如此在"政治市场"一拍即合，形成了知识与权力的交易。虽然在"政治市场"里买卖的"商品"本质上就是利益，但是各路买家和卖家似乎都不太愿意赤裸裸地承认这些交易。因此，在兜售权力资源的时候，这些"政治商品"必须利用道义、思想和理论的包装。智库就是这些五颜六色的包装纸的主要供应商，政府则为智库创造稳定的市场需求，没有政府的需求就不可能有智库市场的繁荣。"趋炎附势"是智库公开的准则，努力接近权力中心是智库一贯的向导。在美国权力中心华盛顿特区，活跃着350多个从事政策分析的组织，而且多数集中在马萨诸塞大街，所以该大街被叫作"智库街"。与权力中心如此接近，目的都很明确，就是"智力"与"权力"旋转起来省时、省力、省钱，方便影响政府决策，获得政府合同，政府是当然的智库的"智力商品"的最大、最稳定需求商。

"智库"一词虽然最早见于西方，但是中国史籍中有关"智囊团"或"智囊人物"早有记载。与西方民主政治不同，中国智库是贤人政治的产物。上古中国贵族共有四等，即天子、诸侯、大夫与士，末等贵族"士"中有相当一批主要靠辩论、说服、出谋划策来谋生，因此也叫"说客""辩士"或"谋士"。春秋战国时期，智囊业十分繁荣，王公贵族动辄养士千人。《史记》记载著名的"战国四君子"之一的孟尝君揽三千门客，实际就是"智囊人物"。战国末期，合纵连横盛行，而这场巨型政治游戏的灵魂人物就是一大批"谋士"。中国古代王朝，政府正式且呈规模使用"智库"的应从唐代开始，这就是"翰林"。唐王朝开辟翰林制度，无一例外地为宋、辽、西夏、金、元、明、清诸政权所承袭，成为各朝中央政府的正式组成部分。期间，翰林院及其学士职责与权限虽然有起落变化，但是翰林制度所充任的智囊色彩是其他官僚体制难以取代的。不过，王朝覆灭，翰林废止，西学东进，洋体中用。依照西方智库理论标准的重要程度——民间性与独立性，中国在改革开放之前不存在一个智库性机构。改革开放后，尤其是近年来，依照美国的葫芦画中国的瓢，组建中国智库蔚然成风。但是，中国的智库要像美国的智库那样有力量，还有很长的一段路要走。

察世界风云

|CHASHIJIEFENGYUN|

价值观、世界观、战略观、安全观*
——脱离"安全困境"需要"新安全观"

"落后就要挨打"是中国人对遭受百年欺侮的教训总结，也是中国人最朴素、最刻骨铭心的安全观。为了免受"核威胁"与"核讹诈"，增进自身安全，新中国成立不久，中国第一代领导人就毅然决策，勒紧裤腰带，研制原子弹。当代中国不少决策至今仍具有争议性，但是几乎没有人怀疑中国研制核武器、穷且益坚之志的正确性。维护国家主权与领土完整、增强国家军事国防安全，这是自《威斯特伐利亚和约》签署以来，民族国家长期面临的安全困境，这是典型传统意义上的安全，是主权国家争取的首要安全。

但是，自第二次世界大战结束以来，由于包括原子弹等大规模杀伤性武器的同归于尽的威胁，大国之间的直接冲突与对峙已渐行渐远，取而代之的是越来越多的"无硝烟的战争"，由非军事因素引发、直接影响甚至威胁一国发展稳定与安全的问题日趋增多，"非传统安全"逐渐居于主导地位。尤其是自20世纪80年代全球化盛行之后，随着国家（地区）之间相互交往增加，彼此依赖加深，经济危机尤其是金融危机的国际传导，使经济安全在国家安全中的地位日益凸显，拉美与东亚金融危机鲜活地显示，金融危机不仅使一国人民辛苦数十年积攒的财富毁于一旦，而且还会引发社会动荡，导致国家危机与政权更迭。因此，防范与增强非传统安全的重要性与紧迫性，已不亚于甚至超过了传统意义的国家安全。

---

* 本文刊载于《世界知识》2005年第19期，有删节。

　　传统意义上，弱国、小国、穷国比强国、大国、富国面临更多的"安全困境"。正因如此，半个多世纪特别是冷战结束以来，美国独步天下、不可一世。美国也自诩是世界最安全的国家，不仅国际商品要在美国市场实现"惊险一跃"，而且国际资本也以美国作为最后的"避风港"，使美国安享富裕与繁荣。但是，随着非国家行为体（如超国家的政府间组织、非政府组织、跨国公司，甚至国际恐怖组织等）作用的增强，不对称的"超限战"等思想的萌发，强大富国在国家安全的传统优势迅速降低，"9·11"事件改变了只有弱小穷国才会长期身陷的"安全困境"，使强大富国也面临持续安全威胁。因此，决定一国安全的因素，不仅仅是昔日的财富、军力、科技等"硬实力"，更有价值观、世界观、战略观等"软实力"。在某种意义上，"软实力"有时比"硬实力"更能使一国长治久安，传统安全下的瑞士早就说明了这一点。因此，在当今世界，一国持有什么样的安全观，直接影响着一国的安全感以及实际的安全状态。

　　长期以来，在国际社会中此消彼长的、竞争性的零和安全观占据主导地位。一国为增强自身安全，防范外敌入侵，不断提高军费开支，强化国防能力，与此相对应，邻近国家为寻求战力平衡，必然也会增加国防预算，军备竞赛由此展开，最终结果已经由无数局部冲突、两次世界大战以及美苏冷战所演示。即便如此，在国家安全由传统安全步入非传统安全之后，主权国家依旧习惯于竞争性安全观。在经济领域，一国为增加自身安全，在获得稳定可靠的资源保障时，往往忽视、排斥他国的生存权与发展权，通过各种方式垄断或不择手段获取资源，自己的经济安全得到保障，而相关国家的安全往往受到损害，后者反过来通过各种手段甚至不择手段获取安全保障，世界历史反复验证，这种竞争态势的最终结局是趋于零和，相关各方都难摆脱"安全困境"。

　　当今世界，深深陷入这"安全困境"的当数美国。美国人一贯信奉实用主义价值观，当美国快速崛起走向国际舞台时，国际社会的残酷争斗使美国人由孤立主义者逐渐成为现实主义者，执迷弱肉强食的"丛林法则"，对外部世界持有冷酷的戒备心理。可以借用现实主义者早期代表人物英国学者霍布斯的语言来形容：国家"始终是互相猜忌的，并保持着斗剑的状态和姿势。他们的武器指向对方，他们的目光互相注视"。① 正因如此，美国总是凭借自己的实力地位赤裸裸地追求国家利益，维护、强化永无止境的国家安全。新保守主义的代表人物卡根对美国的赤裸行为做了如是比喻：当一个人手里只有一把小刀而在森林中遇到熊的时候，他很可能躺在地上装死，而手中有枪的人更倾向作出进攻的决定，更何况美国人手中拿的是把快枪。但是，美国的实用主义价值观、"霍布斯主义"世界观、新保守主义的战略观使当今美国处于独霸全球与脆弱无力的悖论之中，时时处处都有可能遭受恐怖攻击、面临死亡威胁，因而陷入前所未有的"安全困境"。

以儒家文化为主体的中华民族，长久以来秉持以"仁"为核心的"忠恕"价值观（责己以忠、待人以恕），以"和"为核心的"中庸"世界观（和为贵，和为美），孜孜以求"为人和气、家庭和睦、社会和谐、世界和平"。在纷繁复杂的国际局势中，为了"聚精会神搞建设，一心一意谋发展"，中国长期奉行"韬光养晦，有所作为"的战略观。当今，全球化使世界各国的依赖不断增加，一荣俱荣、一损俱损的情势有增无减，中国提出了"互信、互利、平等和协作"的"新安全观"，着实令世人耳目一新。为将"新安全观"落到实处，一方面，中国应坚定不移地坚持与邻为善、以邻为伴，继续实行睦邻、安邻、富邻的政策；另一方面，在充分遵循国际惯例、信守国际规则的基础上，应更加积极参与、促进国际各种多边和区域合作进程；再一方面，在经济领域，应改变片面重商主义经济思想、立足以内需促进经济增长的指导理念，减少国际经济摩擦，实现全面和谐发展。通过双边、多边不懈努力，营造出双赢与共赢的国际安全格局。

---

① ［英］霍布斯：《利维坦》，蔡思复、黎廷弼译，商务印书馆1985年版，第96页。

辨识当今天下走势[*]

改革开放以来，中华民族正在经历近现代史上第一次真正的复兴，其中一个标志就是中国正在加速融入世界。中国离不开世界，世界离不开中国，无论是唱赢中国的人，还是唱衰中国的人，恐怕都要承认这个现实。

过去习惯于关起门来搞建设，关起门来自我评价的老套套，如今已经完全不合时宜。我们需要在全球化的大背景下考虑战略，考虑发展，考虑布局。

美国的角色与作用

美国对国际政治经济秩序的影响巨大，但是积极面在持续减少，消极面在不断增加。美国"治理"下的世界正日趋混乱。

当今世界，诸多谋划，有美国支持不一定能成得了，但美国若坚决反对，多半会成不了。成事不足败事有余的美国的言行总能引发国际争议，牵动国际局势。讨厌美国的人很多，但是喜欢美国的人也不少。

第二次世界大战后，为实现并巩固霸权，美国苦心推动营造了一个精致的国际体系以及维护该体系有效运行的一整套规则。政治组织如联合国；经济组织（或准组织）如国际货币基金组织、世界银行和关税及贸易总协定；军事组织如北约等。这样的体系与规则无不以美国利益为核心，但同时也较好地兼顾了国际利益。在美国的努力下，这些国际组织运转有效，保证了国

---

* 本文以同名原载于《瞭望》新闻周刊 2007 年第 29 期。

际秩序的稳定，国际政治实现相对太平，世界经济实现持续增长。由此，美国的领导地位也被世界各国广泛认可，美国的价值观也似乎成为国际社会的主导价值观。国际商品流向美国市场以实现"最惊险的一跃"，国际资本涌入美国市场以获得更高回报或规避风险，国际人员也争着进入美国市场以提升自己的价值。

但是，由于世界经济发展不平衡规律的作用，美国与其他西方大国经济实力近年来出现消长，美国从富甲天下到负债累累，一言九鼎的话语权也逐渐旁落。为维护与巩固霸权地位，美国在手段的选择上越来越倾向于实用与效率。在实践中，不仅通过正常的贸易投资赚钱，而且还利用各种手段（如设置金融投机陷阱、借机制造金融危机等）偷钱与抢钱。过去，美国一直以"自由、民主"的偶像自居，占据着国际"道德高地"。如今，为维护霸权不择手段而且肆无忌惮，已使美国从所谓的"道德高地"上逐渐滑落。

而且美国以自己的国家利益为中心，在国际交往中一直奉行双重甚至多重标准。标准的混乱导致秩序的混乱，由此，美国"治理"下的世界正日趋混乱：文明严重对峙，恐怖活动肆虐，地缘政治异常紧张，贸易摩擦不断，金融市场动荡不定，等等。

国际秩序与规则

鲁迅先生曾这样评说中国社会：过去阔绰的人要复古，现在阔绰的人要保持现状，将来阔绰的人要革新。国际社会何尝不是如此。

当今国际秩序与规则仍由发达国家主导。这种秩序体现的不仅是政治的不平等，更多的是经济的不均衡与社会的不公正。这一秩序以及维护该秩序而形成的一系列的规则（如国际组织的运行规则、国际话语规则、贸易规则、资本流动规则、知识产权规则等），构成了整个资本主义体系。发达国家处于体系的中心（美国则居于核心），新兴市场与广大发展中国家依次居于体系的外围，最不发达国家则处于体系的边缘。

发达国家主导的国际秩序与规则集中体现在七国集团（虽有八国集团称谓，但俄罗斯在经济等诸多重大问题上没有发言权），七国集团的 GDP 约占世界总量的 2/3，贸易额约占世界总额的 1/2，发展援助额约占援助总量的近 3/4，是名副其实的"富人俱乐部"。七国集团暗箱操作所达成的各类决定，直接或间接影响国际经济的态势，包括各类重要商品（含金融商品）的价格（如汇率与利率）走势，从而影响世界各国的经济稳定、企业生产与民众生活。

但是，由于物极必反的"魔咒"，一些发达国家盛极而衰，重要表现之一就是社会活力不足，经济增长持续偏低。与此同时，一些具有独特资源优势的后进国家抓住历史机遇，实现跳跃式发展。此消彼长，从而改变传统秩序，进而要求修订国际规则。世界历史尤其是近现代大国复兴的历史一再表明这一演变轨迹。如今，新兴大国经济崛起正成为 21 世纪上半叶世界经济中一道靓丽风景。这将加速国际经济关系调整，推动全球战略格局演进，改变全球化与区域化发展态势。

按购买力平价计算，2005 年新兴经济体在全球 GDP 中所占的份额超过了一半，在世界出口总额中所占的比重已由 1970 年的 20% 跃升至 43%，能源消耗量已超过全球总量的一半，并持有世界外汇储备的 70%。这意味着新兴市场已在诸多方面对发达经济体产生越来越大的影响，"世界经济天平"已向新兴经济体倾斜。然而，发达国家凭借传统权威，依旧扮演着国际舞台的主角，因此未来有关国际规则进而涉及国际秩序的争斗将愈演愈烈。

世界的合作与竞争

国际合作的表象使众多人士幻想，新兴大国能与发达大国顺利实现"共生""共荣"乃至"共治"，然而幻想总归是幻想，而现实仍旧是残酷的竞争。

第二次世界大战后，国际合作的意识形态倾向明显，发达国家之间的合作、发展中国家之间的合作以及社会主义阵营内的合作争奇斗艳、交相辉映。但是，世界合作的主流还是美国主导的国际资本主义合作，尽管有反复，但是总体来看，开展得比较顺利，如联合国在维护国际和平、国际货币基金组织与世界银行等在国际经济组织增进多边经济合作上，都起到了巨大作用，如此才有国际政治的相对有序、世界经济的持续增长。

冷战结束后，随着重要政治壁垒的消除，全球化下全人类共同应对的各类重大问题（如资源环境、卫生健康、金融动荡等非传统安全）迅速凸显，国际合作不断拓展与深化。由于发达国家主导的国际机制无法应对错综复杂的国际问题的挑战，美国霸权主义与单边政策又引发日益广泛的反弹，因此区域或双边合作方兴未艾。

但是，国际经济的总体态势依旧是竞争高于合作，而且竞争越来越激烈，范围越来越广，层次越来越深，竞争贯穿着整个经济活动与决策过程。从一般产品、企业、产业、贸易与投资的竞争，扩展至科技、金融、规则与国家战略的竞争。由于国际资本的"股权"大小不等，国际分工的附加值高低不同，国际贸易的条件好坏有别，加上发达国家主导国际规则，其垄断资本可以凭借"标准化"与"知识产权"坐享其成，更有甚者还通过发动金融恐怖袭击——制造金融动荡乃至危机吸取他国的财富。因此，激烈竞争的结果是，一端是贫困的积累，一端是财富的积累，世界范围的贫富差距越来越大。在过去的50年里，经济合作与发展组织占全球人口的20%，却掌握了全球收入的80%。联合国报告估计，全球2%最富有的成年人，拥有全球逾50%的财富，而50%最贫穷的人，仅拥有全球财富的1%。

全球化与民族化

"全球化"业已成了出现频率最高的词汇之一，被全球化了的"国际公民"疲倦地游走于国际之间，蓦然回首，发现"民族的才是世界的"。

全球化趋势在实践上有这样的正面佐证：商品的自由流动，使诸多穷乡僻壤都能感受到国际分工所带来的"消费者剩余"——物美价廉；资本的纵横驰骋，突破国家樊篱，把一个个孤立的国内市场纳入国际市场；经济上的相互依赖空前增加，使越来越多的国家与地区走向联合，实行贸易与投资的自由化，甚至是人员的自由往来；昔日弥足珍贵的国家主权正在欧洲淡化，欧洲各国正摒弃独立而走向新的联盟；近年来，地球气候环境的变化，使部分敏感的人们意识到"同舟共济"的共同使命，正努力共同携手来维护地球家园……

这种趋势的有力反面佐证则是，"国际警察局长"——美国借用国际组织对一些其讨厌的国家进行制裁，就是人为将相关国家隔离于全球化之外，使其无法正常享受国际交往的好处。

即便可以列出更多的正反事实以证明全球化的趋势，也无法颠覆全球的民族化的实质。商品以"国产"划分，人员以国籍来论，资本似乎无国界了，但是资本所有者依然有明确的国籍，资本所赢得的利润总是有着固定流向，而且当资本遇到流动障碍后，总是依靠特定国家的力量进行扫除。因此，资本所有者的国界决定了资本国界，财富积累的国界决定了资本国界。

当发展中国家的精英们向国民畅想全球化伟大进程，描绘世界正走向大同时，发达国家却在它们的夕阳产业上加快构筑贸易与市场壁垒，制造越来越多的商品与人员自由流动障碍，在高新技术上往往不惜采取出口管制。与此同时，发达国家还不断强化自身具有明显竞争力的领域（如服务贸易、金融资本等）的贸易与投资的自由化。发达国家在不断强化传统民族特色的同时，在全球化背景下又培育出新的民族品牌，如法国的香水、德国的汽车、瑞士的精密仪器、意大利的时装、日本的电器、英国的金融服务以及美国的好莱坞、华尔街与高科技等等。新的国家核心竞争力形成，鲜活而有力地说明："民族的才是世界的。"

中国的应变与自变

在世界体系的函数式中，中国已经不再是个"因变量"，而是"自变量"。中国不仅因世界的改变而改变，同时也正在改变着世界。

中国人习惯了谋定而后动，习惯了顺势应人。而如今在不知不觉中，中国以小竹筷拨动了世人心弦，中国民乐在世界舞台的欢快演奏才刚刚开始。

近现代以来，因为持久的积贫积弱，中国人逐渐养成了顺应世界变化的习惯。顺应世界潮流不仅是必要的，而且是明智的。"世界大势，浩浩荡荡，顺之者昌，逆之者亡。"即便新中国成立后，中国的命运不再由国际列强决定，但是中国依旧是一个"冷眼向洋看世界"的旁观者。

改革开放后，中国主动参与国际分工，积极利用国际资源与国际市场，埋头苦干，经济建设取得了巨大成效。即便如此，中国人依旧习惯了世界是世界，中国是中国，中国教科书中的"世界史"不包括"中国历史"，"世界经济"也不包括"中国经济"。好像世界的变化与中国无关，中国的变化只是世界变化的一个"因变量"。

然而，近年来，越来越多的中国人发现，世界对中国的关注急速升温。"中国制造""中国因素""中国价格""北京共识"以及"中国威胁论""中国机遇论"等等此起彼伏，蜂拥而至。昔日连中国政府的行为都很少能引起国际关注，如今中国企业、中国商品、中国资本的动向，甚至中国国民在国际上的举手投足，都可能引发国际社会的广泛热议。

当中国人仍然习惯作为国际体系的接受者时，国际社会关注的却是中国正在成为国际体系的"影响者"甚至"决定者"。中国已不知不觉地成为世界经济以及国际体系、秩序与规则的"自变量"。中国的变化正在引起国际的变化，而这种变化反过来作用于中国政府、企业乃至个人的决策与行为。当我们的政府（特别是地方政府）、企业与公民，还没有清晰自身的法律责任、道德责任与社会责任的时候，国际责任则扑面而来，而且难以规避。

树欲静而风不止。时代在给予中国很多机遇的同时，也正给中国人带来越来越多的挑战。

当今时代：无航海图、无舵手、无引擎*

后危机时期，全球经济逐渐呈现出美国经济去虚拟化、国际金融去杠杆化、世界经济去全球化的明显特点，国际体系越发呈现出"无主义、无信任、无秩序"的鲜明特征，国际社会失去方向，国际合作失去基础，国际政治失去领袖，整个世界正进入"无明晰航海图""无经验舵手""无强力引擎"的时代。

美国经济去虚拟化

经济虚拟化主要是指金融化。所谓经济金融化，是指包括银行、证券、保险、房地产信贷等所构成的广义金融业在一个经济体中的比重不断上升，并对该经济体的经济、政治等产生深刻影响。自20世纪80年代以来，世界经济金融化日益明显，集中体现于社会资产日益金融化，尤其是融资非中介化、证券化，以债权与债务关系为主导的金融关系在各类经济关系中日益突出。20世纪80年代初，发达国家的股市市值与其GDP基本相当，而如今其股市市值已普遍是GDP的3倍以上。最近20年来，全球GDP增长速度平均不到4%，全球贸易的增速平均为6%，但是全球资本的增速是14%。另有数据显示，在最近20年内，贸易增速（物流）是生产的2倍，而资金流又是物流的2倍，是生产增速的4倍。

---

* 本文以《世界"去全球化" 中国经济如何突围?》为题，原载于2010年12月24日《第一财经日报》。

在日趋虚拟化的世界经济中，美国的虚拟情形更加严重。20 世纪五六十年代，美国制造业创造的产值占美国 GDP 的 27% 以上，到次贷危机爆发前的 2007 年，这一比例已经下降至不到 12%，而金融、房地产服务业的利润总额占美国企业利润总额的 40% 以上。次贷危机使过度依赖虚拟经济的美国受到沉重打击。金融大危机后，以美国为首的西方国家纷纷回归实体经济。

为增加国内就业，重振本土工业，美国将"再工业化"作为重塑竞争优势的重要战略，推出了大力发展新兴产业、鼓励科技创新、支持中小企业发展等政策和措施。奥巴马政府于 2010 年 9 月公布《国家出口计划》，计划在 5 年内实现出口翻番战略，以凸显政府对促进经济复苏和增加就业所作的努力。为此，美国以"量化宽松"为名，全速开动印钞机，为美国的"去虚拟化"或"再工业化"提供近乎无穷的资金支持。

国际金融去杠杆化

所谓金融杠杆，是指经济主体通过负债实现以较小的资本金控制较大的资产规模，从而扩大盈利能力或购买力。次贷危机爆发前，不受监管的金融创新使美英等国的金融杠杆化愈演愈烈，直至登峰造极，平均杠杆率在 30 倍左右。金融杠杆促进了经济繁荣，助长了金融泡沫，同时在危机到来后，也放大了投资（投机）损失，加剧了金融动荡。

金融危机爆发后，在市场的调解下，金融产品、金融机构、投资机构、消费者的"去杠杆化"成为趋势。与此同时，美欧等国都纷纷通过金融监管改革法案，强化金融监管，约束金融机构肆意投机与扩张。2010 年 9 月，巴塞尔银行监管委员会通过了加强银行体系资本要求的改革方案，即"巴塞尔协议Ⅲ"，要求全球各商业银行进一步提高一级资本充足率（其下限从 4% 上调至 6%），建立新的普通股"资本留存缓冲"与"逆周期资本缓冲"。可以预见，随着美欧监管改革法案与"巴塞尔协议Ⅲ"的落实，国际金融"去杠杆化"进程有望加快。

尽管疾风暴雨式的危机渐行渐远，但是未来金融产品、金融机构、投资机构、消费者的"去杠杆化"依然在不同程度地延续。如此，导致金融活动不断萎缩，投资、生产与消费等正常经济活动持续受到消极影响。

世界经济去全球化

全球化一定意义上似乎令经济疆界日趋模糊，人流、物流、资金流与信息流使资源要素在全球范围内配置，市场越做越大，政府越来越小。在跨国资本与发达国家政府积极推进全球化、新兴市场热烈拥抱全球化的过程中，世界反全球化的声浪也一浪高过一浪。

世纪金融海啸生成后，为应对经济恶化，多国政府纷纷出台经济刺激方案。然而，全球化使刺激效应会通过进口或资本跨国流动而"漏出"到本国经济系统之外，不能使本国经济受益最大化。这就为贸易或市场保护提供了堂而皇之的理由。一贯高举经济自由主义大旗的美国，率先祭出贸易保护主义旗帜，要求购买本国制造的产品。美国的"首因效应"，加速了发达国家由"释放市场"向"保护社会"转变，民族主义普遍抬头，如此世界经济摩擦与国际合作龃龉，成为2010年低迷的世界经济的基本色调。然而，这种"去全球化"现象在历史上并不陌生，在第一次世界大战以及20世纪30年代"大萧条"后，就发生过"去全球化"，相较今天的端倪，有过之而无不及。

在2010年10月18日于中国上海召开的国际货币基金组织高级研讨会上，国际货币基金组织总裁一反昔日的自由主义教旨，搁置金融自由化主张，反而建议亚洲在必要时实行资本控制，以预防金融危机的发生。尽管今日世界不太可能再次进入"闭关锁国"时代，但是全球化速度放缓、经济壁垒增加，人流、物流、资金流与信息流变慢似乎势在必行。

中国何去何从？

目前，中国仍处于工业化鼎盛期，制造业是中国经济高速成长的动力引擎。作为中国重要出口市场，美国实施经济"去虚拟化"与"再工业化"战略，这势必对中国的工业化产生重要影响。因为美国要逆转其庞大的经济身躯，与重载而急速行驶的中国会迎面相撞。

一方面，两国将产生更多的竞争。在国际金融危机的背景下，美国将从制造业的现代化、高级化和清洁化中寻找"再工业化"的出路，这意味着美国会在"竞争规则"和"贸易规则"上大做文章，如此势必加剧中美之间的贸易摩擦。另一方面，美国目前仍拥有世界高技能劳动力和先进装备，是当今世界制造业最发达和先进制造业发展最快的国家，中国发展先进制造业容易受到美国的技术遏制、规则钳制与市场限制。因此，展望可预期未来，中美之间的摩擦恐怕只会增多，不会减少。

发达国家将利率降到历史最低位，美国一而再实施"量化宽松"，导致国际流动性泛滥。美欧强化金融监管无形中筑就新兴市场"金融监管洼地"，国际金融持续"去杠杆化"使国际游资投机成本提高，于国际市场尤其是新兴市场狼奔豕突。

如此，一方面会使国际金融资本（通过政府或经由市场）变本加厉向中国施压，中国将面临越来越大的金融开放压力；另一方面，作为"金融监管洼地"的中国，正在成为国际热钱，尤其是美元套利资金的乐土，更多的游资会流入中国。美欧金融"去杠杆化"，将加剧中国房地产等经济泡沫。如此必将对中国金融市场与宏观调控产生更大的冲击。

如果说改革开放使中国取得了巨大成就，那么"中国是全球化的重要受益者"命题就应成立，如此"去全球化"在某种意义上也将使中国成为重要受害者，从而对中国社会经济产生深远影响。因此，"去全球化"将从根本上颠覆中国经济的增长方式，迫使中国不得不依赖消费内需来拉动经济增长。由此，中国必须全方位构建、创新社会经济发展模式、国家与居民的生活样式以及对外交往方式。辩证看待"危机"，就是"危"中有"机"，中国经济增长方式被迫转变，往好处看，由此将走向自主、可持续增长，但这将是一个漫长的过程。

在后危机时代，国际体系越发呈现"无主义、无信任、无秩序"的鲜明特征，国际社会失去方向，国际合作失去基础，国际政治失去领袖，整个世界正进入"无明晰航海图""无经验舵手""无强力引擎"的时代。中国既然没有"达则兼济天下"的能力与意愿，就只有努力独善其身了。

60 年中国之"世界观"*

中国在变，世界在变，中国看世界以及世界看中国的方式也在变。

新中国诞生于特殊的国际环境，开始专注于国内改造与建设，即便在闲暇看看世界，也只是"冷眼向洋"，世界的归世界，中国的归中国。然而，斗转星移，沧海桑田，如今中国以前所未有的热情参与国际分工，时时刻刻关注着外部经济环境，关注着国际事务，关注着国际社会对自己所作所为的评价。

过去 60 年，中国对于世界的看法，并非只是"三十年河东，三十年河西"，并非从前到后或从左到右，而是沿着一条螺旋轨迹不断向前迈进，由相对简单逐渐走向相对成熟。

具体而言，中国的"世界观"的发展与变化可以清晰地分为三个阶段。

第一个阶段是 20 世纪五六十年代，刚刚实现国家独立，主权问题异常敏感，对外部世界保持高度警戒。

第二个阶段是 20 世纪七八十年代，社会主义现代化成就与一系列军事、外交胜利，尤其是恢复了在联合国的合法席位，中国的自信心与日俱增，加快走向对外开放。

第三个阶段是世纪之交的前后 10 年，迅速融入经济全球化，认清世界多极化发展趋势，形成"和谐世界"的理念。

---

* 本文原载于《瞭望》新闻周刊 2009 年第 39 期，与中国现代国际关系研究院王力博士、黄莺博士合作完成。

思考框架在变化：对立→平衡→统一

新中国成立之初的 20 年，中国作为一个新生的主体步入战后国际体系，国家根基与实力有待巩固恢复，在世界格局中处于从属或边缘的位置。中国近乎别无选择地接受了一个两极对立的外部世界，接受了一个以矛盾和斗争为核心的二元框架。对世界的基本认知是"敌人的敌人就是我们的朋友"；关于世界的未来，"就是东风压倒西风，不是西风压倒东风"；在对待具体世界重大问题时，"凡是敌人反对的，我们就要拥护；凡是敌人拥护的，我们就要反对"。逻辑简单，立场坚定，态度鲜明。

20 世纪 70 年代，中国对外部世界的观察更加深入，思考更加成熟。此时，外部环境发生剧烈调整，曾经最可靠的盟友，变成了最危险的敌人，同时国内经济发展因受多种干扰而明显放慢。为了正确处理与其他国家的关系，更好地保障自身安全与发展，中国提出"三个世界"的划分，并分别在三个不同的世界中找到了自己的朋友。特别是，重视与自己同处于第三世界的亚非拉发展中国家，使中国对世界体系的认识框架实现了"中心"与"外围"之间的平衡，成功地摆脱了对立与孤立，并因此恢复了在联合国的合法席位，由此逐渐揭开对外开放的新局面。

历史很快就翻过了两大阵营数十年对峙的一页，当世界上大多数国家尚未完全适应冷战结束的国际新格局时，中国已笃定了自己发展的方向。老一代领导人关于被开除地球"球籍"的危机意识，成为中国积极应对全球化态势的思想准备。20 世纪 90 年代初，中国再次遇到孤立的危险，原因是以美国为首的西方国家试图阻断中国与世界的经济往来与政治联系。但是，中国已经形成了清晰的"世界观"，坚定"扩大开放""参与国际分工"的决心，中国领导人站稳脚跟，冷静观察，沉着应对，一一化解各类复杂困局，因此中国与世界的关系并没有倒退。从 1992 年开始，中国经过漫长而艰难的谈判，最终成功加入世界贸易组织，为 21 世纪的经济更上层楼迈出了关键一步。在中国眼中，先前相对离散的世界，不断演变成了相互关联的世界。

认识水平在提高：直线→交叉→多维

1949 年之前，中国的对外关系体现为旧中国羸弱的地位以及对外国列强的屈从。新中国成立后，这种不平等的关系从根本上被扭转，中国人对独立自主和自给自足的热情被极大地激发，以至于将经济建设与社会发展理解为在独立的跑道上与世界强国赛跑，希望完全依靠自身的力量实现赶超。20 世纪 60 年代的大部分时间里，囿于各种主客观因素，中国几乎退出了国际经济体系，中国香港一度成为中国与外部世界进行经济活动的唯一窗口。在这个阶段，中国对世界的认识是平行线式的，彼此之间似乎只存在此消彼长，不是你超过我，就是我超过你，只有竞争与零和，没有互利与合作。

经过 20 年的艰苦奋斗，中国不但没有超过英美国家，反而落后于战后白手起家的日本。这令一些先知先觉的中国人感到迷茫困惑，并开始反思自己的缺失与不足。同时，20 世纪 70 年代东亚"四小龙"依靠外向型战略实现了高速发展，不仅给中国以新的巨大鼓舞，而且也为中国提供了一种近距离的榜样。中国第二代领导人开始认识到"发展是硬道理"，接受"国际分工"的理念，充分利用国际资源与国际市场发展自己的经济。这个时期，中国几乎同时与所有能够交往的国家改善关系，对外开放与经济合作由沿海向内地辐射，原先看来互不相交的国家发展路线在国际市场这只"看不见的手"的指挥下，汇聚成了浩浩荡荡的"国际经济大循环"。

在 20 世纪 90 年代因冷战结束而开启的全球化新浪潮中，中国借助世界市场与资源实现经济快速增长，世界倚重中国促进增长、抵御衰退，总体上形成了互利双赢的格局。但与此同时，中国突然发现自己与世界的关系越来越复杂，倾销、补贴、侵权等经济摩擦越来越频繁，"威胁论""责任论"之类担忧与指责的声音有增无减。的确，一个拥有十几亿人口的国家走向繁荣，并非在任何人眼里都是福音。整体获益、局部致损的情况有之；上层受益多、下层得利少的情况有之；表面要求合作、实际幸灾乐祸的情况亦有之……中国开始了如何理性学习与沉着应对一个多维的世界。

评判标准在调整：苏式→美式→自式

新中国成立之初，关于如何实现现代化，实现民族振兴与国家复兴，中国人依然没有底。在"一边倒"的政治生态下，中国在经济上也只能选择"苏联模式"——高度计划经济，而且中东欧等社会主义国家的实践也证明了该模式在当时的历史条件下具有明显的优点，如可以集中力量做大事，原始积累效率高、速度快并且道德高尚，避免了资本主义原始积累缓慢、肮脏与血腥等种种弊端。但是，这种模式的缺点在中国初步实现工业化后也逐渐暴露出来，在指令式经济模式下，中国对苏联的经济依赖逐渐加重，同时国内经济结构严重失衡导致经济发展难以持续。

20世纪70年代初，恢复联合国的合法席位以及中美关系的改善为中国打开了另一条融入世界的通道。但是，在20世纪80年代末，由于美国带头实施经济制裁，加之国内经济陷入通胀上升和内需下滑的困境，中国领导人清楚看到效法美式自由经济模式的经济弊端与政治风险。在第二代领导人的坚强领导下，中国开始认真而小心地探索着有自己特色的现代化道路。

在最近20年内，"美国模式"不断遭遇重大国际危机，而中国融入世界的"特色模式"越来越鲜活起来。1994年墨西哥金融危机，1997年东亚金融危机、1999年阿根廷金融危机，尤其是2008年美国金融危机不断揭示"华盛顿共识"的政策失败与自由资本主义的道德沦陷，同时在客观上也帮助了"北京共识"获得越来越多的肯定与赞誉。如今，中国已深刻地认识到"世界上没有放之四海而皆准的发展道路和发展模式，也没有一成不变的发展道路和发展模式"，中国已经清晰地向世界表明，绝对不走封闭僵化的老路，也不走改旗易帜的邪路，而是坚定不移地走中国特色社会主义道路。

处世心态在成熟：急切→低调→从容

刚刚从半殖民地半封建社会中挣脱出来的新中国，带着与生俱来的炙热革命热情。"革命的风暴席卷着全球，永远舍身迎向前方"，是那个时代富有代表性的扣人心弦的表达，也是当时的中国人对自己与外部世界关系的基本看法。当时的中国领导人判断战争不可避免，要加快工业化建设，壮大国防力量，否则革命成果就可能丧失。在这种"备战"思维下，"多少事，从来急"，"一万年太久，只争朝夕"。但事实证明，这种"要扫除一切害人虫，全无敌"的革命热情不仅在国内造成不小的困难，在国际上也引致孤立。

经过20世纪70年代中后期的冷静思考，中国人的政治热情逐渐被经济理性所取代。中国采取"韬光养晦，发展自己"的策略，开始低调地向外部世界学习所有的有效治国方略：西方的法治观念与国际会计标准，英国和美国的证券法规，法国的军事采购制度，美国的中央银行结构，日本和"四小龙"的经济发展战略，等等，由此，中国的经济体制可谓是集世界优秀经济体制之大成。可是，在经济上取得长足进步的同时，韬光养晦并没有消解其他国家对中国的猜忌，也不能保证中国和平发展的进程不受干扰。

"我家大门常打开，开放怀抱等你。"有了一个甲子的历练，中国看世界也就多了一份平和与从容。一方面，在经济全球化的今天，已没有哪个国家可以关起门来独自发展，中国已经深深地镶嵌在这个世界中。另一方面，今日中国已非"吴下阿蒙"，她一旦感冒，周边国家（不久将来也许是整个世界）都要打喷嚏，因此必须习惯在挑剔的目光下壮大，这是中国作为一个和平发展的后起大国所必须经历的成长的烦恼。有调查显示，中国民众认为对"中国威胁论"不必非得反驳不可的人已经超过半数，这表明中国人的心态正变得越来越大气。在这个利益与价值相互关联、彼此互动的世界上，当代中国人正在培养站在中国看世界、从世界回望中国的世界观，从而实现中国与世界的和谐共处。

观察方式在升级：快照→广角→长焦

20世纪五六十年代，中国看世界的途径狭窄，主要是通过派往国外的外交人员，而且受到两大阵营对峙的限制，主要是派驻在社会主义阵营国家的外交官。新中国的第一批外交官大部分来自军队，既不通外语，也不熟悉对外交流，但他们的亲身见闻与个人感受成为那个时代中国对世界的初步印象。显然，这个印象是直观的、粗略的和感性的，就像一张张只能辨认相貌的快照。

1971 年，在第 26 届联合国大会恢复中华人民共和国在联合国的合法席位后，中国向外派驻外交人员以及参与国际活动明显增多。在经济上实行改革开放后，前往国外求学的留学生逐渐增加。20 世纪 70 年代以后的外交人员与留学生多数前往以往联系较少的美欧日等西方发达国家。他们有更好的环境、条件和更先进的知识和技能储备，也有更开放的机会和视野去感受世界、洞察世界。他们不仅学习各个领域的先进知识技术，还接触当地的社会和群众，广泛了解国外经济社会状况。他们就像给中国装上了广角镜头，中国看世界的视角大为拓宽，为以后全面融入世界体系以及参与国际分工打下了知识与经验基础。

进入新世纪，中国的国际地位和全球影响力大幅提高，国内企业走出去加快，普通民众赴海外求学、商务、旅游等机会增多。因此，中国不仅需要更加细致地观察主要大国和周边地区，而且有必要将注意力投射到更远的地缘角落，比如中国已成为拉美国家最重要的贸易伙伴与资金来源，并正式加入美洲开发银行；在非洲有着日益广泛的经济利益；作为世界海运大国，中国为应对日益猖獗的海盗问题，在亚丁湾部署护航力量；金融危机发生后，中国作为国际货币基金组织的重要出资方，需要考察冰岛与东欧经济体的借贷需求与还款能力。因此，中国的政府、学者、媒体都在加紧学习将世界拉近、放大的观察力。

综观之，60 年的中国之世界观已经发生了巨大变化，如果将历史跨度拉得更长一些，那么这种变化可谓是翻天覆地的。首先是中原即天下，而后九州就是天下，再后是世界的中央之国，泱泱大国。鸦片战争后，中国对世界的认识是混乱的，从近百年的华夷"体用之辩"即可看出端倪。新中国成立后，中国的世界观有强烈的感情因素，描绘不久的未来必将是"赤旗的世界"，即都要纳入社会主义阵营。中苏关系恶化后，中国置身社会主义与资本主义体系之外的中间地带，成为世界的"独行侠"，第三世界一员。在恢复联合国合法席位尤其是改革开放后，中国主动融入了经济全球化的进程。

新中国成立后的 60 年，既要看到已取得的巨大成就，保持前进的信心；同时，也应看到存在与出现的问题，否则会故步自封，失去进步的动力。

60 年世界之 "中国观" *

中国对世界的观察没有休止，世界对中国的认知也在修正。

六十年一甲子，30 年河东，30 年河西。新中国成立 60 年，改革开放恰好是东西与左右的分水岭，前 30 年基本端坐于社会主义东方，后 30 年则努力倾身资本主义西方，计划经济与市场经济泾渭分明。

这种传统的河东与河西的二分，也是我们自己多年来的经典划分，但是通过梳理西方研究新中国发展进程的文献，还可以看到另类似乎更有意义的划分，即将新中国 60 年大致分类成三个 20 年，由此形成三个比较明显的"中国观"，笔者将其归结类比为："竹幕之后"的前 20 年（20 世纪五六十年代），"人面狮身"的中间 20 年（20 世纪七八十年代）与"巨龙腾飞"的最近 20 年（20 世纪 90 年代至 21 世纪头十年）。笔者认为，三阶段划分，特别是中间 20 年为中国历史的伟大转折设计了一个"缓冲带"，更合乎新中国的渐进发展现实，表明改革开放、建设有中国特色社会主义是中国历史的必然选择。

新中国自成立之日起，就被西方视为能影响世界政治格局的政治大国和军事大国。改革开放之后，中国的经济实力不断增强，并逐渐从地区经济大国上升为世界经济大国，硬软实力不断增强，综合国力不断提高。对于中国的崛起，国际社会一直抱有矛盾的心态。"中国威胁论"和"中国机遇论"一直成为国际上争论不休的话题，国际社会尤其是西方世界对中国崛起的现

---

* 本文原载于《瞭望》新闻周刊 2009 年第 39 期，与中国现代国际关系研究院黄莺博士、王力博士合作完成。

实正在进行心理调适，新的"中国观"正在形成。

第一阶段（20世纪五六十年代）：竹幕之后

这是世界从侧面、曲面认识中国：一个神秘而强大的东方国度。

1955年，法国记者罗伯特·吉兰著书《共产党统治下的中国》，虽然承认当时的中国人已经不再挨饿，承认中国已经开始了真正的工业化，但是又认为中国的经济进展是以人性为代价的。"人们不管走到哪，都穿着蓝布衣服……6亿中国人都穿着同样的制服。""今天的中国人已经陷入纪律的罗网中了，他们越来越柔软、顺从，最后变成一群绵羊，或者说，一座蚂蚁山。"由此，"蓝蚂蚁"一说迅速流传，成为20世纪五六十年代西方一个热门话题，成为此后中国20多年里的代名词。

然而，正是这一大群的"蓝蚂蚁"，在一个相对封闭的"王国"，以饱满的热情辛勤地劳作，努力建设着自己的家园。20世纪50年代，中国经济的快速发展令世界炫目。美国《外交》刊文惊叹："1952—1959年，中国的工业产量以14%—18%的年增长速度递增，钢铁产量增长10倍，发电量增长6倍，煤炭和水泥产量分别增长5倍和4倍。与此同时，棉纱产量虽只增长了2—2.5倍，但仍然非常可观。"20世纪50年代末60年代初开始，中国经济陷入严重衰退，同时中苏关系从出现裂痕走向公开对立，中国成为游离于世界两大阵营之外的"孤军"。尽管如此，在国际社会的眼中，中国依然是国际政治中的重量级选手，是可以与苏联和美国相提并论的世界第三极。美国学者理查德·洛文索尔于1971年在《外交》上撰文写道，中苏的公开决裂使国际事务格局明显呈现"三角鼎立"之势。

与此同时，由于中国与西方社会交往甚少，中国因此显得异常神秘。美国学者1966年曾发出这样的感叹："在当今所有重要的政治体系中，我们对中国的了解最少。那些将影响我们未来外交政策和军事部署的决策，都是基于对中国人性格和中国态势发展的推测。"外国学者还仿照"铁幕"发明了"竹幕"一词，来说明中国和西方社会信息交流的缺乏。西方人对中国的另外一个深刻印象是"历史悠久，史书浩瀚"。1967年，美国学者罗伯特·埃利甘特（Robert S. Elegant）写道，世界上没有哪个民族比中国人更加喜欢通过阅读历史来预测未来。他认为，传统价值观禁锢了中国知识分子的思想，使这个民族故步自封。这位西方学者显然忽视了中国文化兼收并蓄的特性，忽视了中国人锐意进取的智慧和决心。这篇文章发表不过数载，中国就以四两拨千斤之力改变了世界政治格局，并积极地融入到了"现代世界"之中。

第二阶段（20 世纪七八十年代）：人面狮身

美人面雄狮身，这是世界（准确讲是西方世界）从正面逐渐认识中国的开始。

20 世纪 70 年代初，中国发生了两件大事，中美建交和中国恢复在联合国的合法席位。中国国际地位因此显著提高，世界受到巨大震动。1971 年，第 26 届联合国大会恢复中华人民共和国在联合国的合法席位后，西方世界终于开始直面中国。1971 年之前，与中国建交的国家仅有 64 个，而到 1979 年中美建交之时，建交的国家数达到了 119 个，国际社会由此对中国的报道迅速增多，而且也逐渐深入与全面。因此，1971 年恢复联合国席位应当是中国对外开放的开始。

世界都在掂量中国的分量。尽管中国此时绝对称不上经济大国，但它依然被描绘为政治大国和军事大国。当时，法国著名学者阿兰·佩雷菲特出版了一本名为《当中国醒来，世界会颤抖》的书，极为畅销。1974 年，美国学者罗伯特·斯卡拉皮诺（Robert A. Scalapino）撰文写道："中国领导人似乎不费吹灰之力就适应了'世界领导者'的角色。"

1978 年，中国宣布对内改革，对外开放。这一政策再次撼动了整个世界。打开国门的中国，迅速融入世界经济之中。1978 年，中国的国民生产总值仅为 3624 亿元，1988 年已经增加到 13853 亿元。美国著名经济学家保罗·萨缪尔森说，中国是一个沉睡的经济巨人。他大胆预言，如果能找到一个有效模式，它可能在 2005 年之前超过日本，仅次于美国。1987 年，美国学者尼古拉斯·拉尔迪对中国经济发展作出了这样的评价："改革开放之后，中国的贸易投资政策促进了东北亚地区的进一步经济融合，同时也为亚太地区整体经济发展作出了贡献。"他乐观预测，中国未来15年或更长时间GNP年均增速将达到6%—8%。现在回头再看，1978年不仅之于中国，之于世界都有非常重要的意义。

对于中国重返世界政治的中心舞台，西方社会明显抱有矛盾心态。美国《外交》杂志1970年一篇文章写道："有的人觉得中国是一个刚从睡梦中醒来面对现代世界的睡美人。而另外一些人却觉得，它是个将要吞噬掉亚洲或半个世界的怪物。"由于逐渐拆除"竹幕"，西方对中国的认识由神秘逐渐走向真实。在1964年中国原子弹爆炸后和1967年中国第一颗氢弹试爆成功时，西方公众形容中国为"一只孤独的狼，氢弹在握，仇恨在心"。由"蓝蚂蚁"到"孤独的狼"，在西方的眼中中国有了"进化"，而开放与改革之初，西方社会所接触的中国活生生现实与刻板印象之间产生激烈冲突，使西方对中国的认识混乱与模糊，有毁有誉，褒贬不一，美人面雄狮身大体可以概括这段西方世界的"中国观"。

2006年，英国《卫报》刊发题为《如果20世纪止于1989年，那么21世纪则始于1978年》的文章认为："1978年具有重要意义，一个社会主义国家开始从平均主义向市场经济走出了尝试性的一步。它创造了一个完全不同的历史。""中国的转变已经使世界的重心东移。""权力中心不再仅仅位于西方，历史也不再以西方角度续写。我们将越来越熟悉中国的影响、历史、价值观、态度和观点，也许这一切就在不远的未来。""新世纪的年轮还未转动，新美国的世纪就已经结束了。本世纪，或者说是21世纪上半叶的主题将是一个现存的超级强权的衰落以及另一个大国——中国的崛起。"

第三阶段（20世纪90年代至21世纪头十年）：巨龙腾飞

巨龙腾飞，中国从地区级经济大国上升为世界级经济大国。对西方而言，龙是一种令人恐怖的怪兽。美国在20世纪50年代曾经出现这样一幅漫画：一个美国人惊慌失措地站在一条巨龙身前，龙身上写着"红色中国"，标题是《怎么才能同一条龙保持友谊呢?》。西方人一直根据自己的历史文化来理解与想象一个有着完全不同的历史文化的中国之所作所为。但是，随着中国的迅速崛起，这一陈旧观念在逐渐淡化，逐渐能从客观与多元视角看待中国的崛起，看待巨龙腾飞。

1989 年之后，外来投资，特别是海外华人投资急剧增加，中国大陆与台湾、香港之间的经济联系日益密切。西方学者开始激烈讨论"中华经济圈"，并将"中华经济圈"的核心——中国大陆视为未来亚洲乃至世界经济的引擎。1997 年，亚洲金融危机爆发，地区货币争相贬值，陷入恶性竞争。中国承诺人民币不贬值，负责任的大国风范获得了地区国家的普遍赞誉。西方制造与渲染的"中国威胁论"在东亚地区逐渐失去市场。也正是从 1997 年开始，东亚政治经济合作的框架逐渐形成。在地区合作中，中国和日本一样被视为中心国家，中国甚至早于日本首先提出与东盟国家建立自由贸易区的动议。新加坡学者评论道，亚洲金融危机几乎将东盟逼入解体绝境，而中国提出的自由贸易区动议使东盟重新拥有了凝聚力。

21 世纪头十年，中国走向"世界级经济大国"。2001 年中国正式加入世界贸易组织。美国《外交政策》杂志称之为"重新定义国际合作的重要时刻"。这之后，中国的外贸顺差持续扩大；外汇储备惊人增长；中国对外援助问题引起国际广泛关注；全球开始热议"北京共识"。此外，中国企业的海外并购活动，中国对海外资源类产品的购买问题，均成为世界普遍关注的话题。

国际社会对"中国崛起"的关注达到前所未有的高度，并期待中国负起更大的"国际责任"。中国在反恐、气候变化、能源问题、核问题等重大国际问题上的立场和态度成为举世瞩目的焦点。随着中国经济实力的明显提升，"中国威胁论"和"中国机遇论"的争论再次喧嚣尘上。面对"威胁论"，愈发自信的中国本着"中和"之传统哲学理念，以"和谐世界"论来澄清自己的立场。"和谐"也因此成为国际社会频繁使用的时髦词汇。

2008 年金融危机的爆发动摇了美国在国际金融体系中的霸主地位，中国的重要性明显上升。英国《经济学家》刊文写道，"美国新财长称中国操纵汇率的不慎言论被斥为荒唐"。近年来，美国对中国的态度发生了巨大变化，从建立中美战略对话和中美战略经济对话机制，到将两大对话机制合并升级为"战略与经济对话"，美国对中国的重视程度在不断提升。金融危机爆发后，美国智库甚至提出组建 G2 机制的建议，将中国看成是与美国同一重量级别的选手，其重要性甚至超过欧盟。

对于美国实力的衰弱，美国学者约翰·伊肯伯里（G. John Ikenberry）在《外交》上写道："中国的崛起必然会终结美国的单极时刻。""中国的崛起无疑将是 21 世纪上演的最隆重的戏剧之一。中国惊人的经济增长和积极的外交正在重塑东亚，未来几十年，中国的实力和影响力将会进一步提升。"

预言中国崛起，西方时代终结的书层出不穷。企鹅出版社 2009 年出版了一本名为《当中国统治世界：中央王国的崛起和西方世界的结束》的图书。作者马丁·杰克斯（Martin Jacques）在书中描绘了一个中国主导的世界秩序形态：人民币将取代美元成为世界储备货币；上海将取代纽约和伦敦成为世界的金融中心；欧洲诸国将会像雅典和罗马那样，成为辉煌过去的历史遗留；普通话将会和英语一样广泛地使用，或许比英语更流行；孔子的儒家学说将会像柏拉图的学说一样盛行等等。

资本主义还能凤凰涅槃？

资本主义制度自诞生以来，适应了科技巨变、经济危机、社会革命和世界大战的爆发等一系列形势的变化，表现出了顽强的生命力、神奇的适应力。资本主义生命力与适应力的关键在于，资本主义有一个较好的自组织机制，把市场调节机制、经济激励机制、企业竞争机制有效结合起来。资本主义自组织机制建立在灵活的宏观政治民主框架下以及灵活的微观经济基础之上，使资本主义具有丰富的弹性、极大的易变性，成功应对内在矛盾与外在挑战，使资本主义制度不断通过弯曲而不是断裂得以继续生存，使资本主义能够在政治与经济之间、政府权力与市场之间、一人一票与一元一票之间保持平衡，进而实现自我调节和自我完善。

资本主义的自组织机制有着一个灵活的微观经济基础，包括不断的技术创新、劳动者的丰富技能以及不朽的企业家精神。如此，使资本主义保持高效的财富创造效率，"资产阶级在它的不到一百年的阶级统治中所创造的生产力，比过去一切世代创造的全部生产力还要多，还要大"。① 然而，随着全球化、金融化、信息化的发展，技术创新、劳动者技能、企业家精神均不断衰弱，资本主义的微观经济基础遭到空前削弱，资本主义自组织机制愈发僵化，资本主义的好日子不断流逝。

在自由资本主义的旗帜下，经济金融化、金融全球化、全球利润垄断化与集中化，使得美国越来越多的资源配置到金融领域。美国传统的精英教育集中培养两大类人才，早期的大多数都是教会学校，诸如哈佛等常青藤名

---

① 《马克思恩格斯文集》第二卷，人民出版社 2009 年版，第 36 页。

校，以道德理念、宗教精神和价值观打造为主导，成为牧师、政客或学者的摇篮；后来出现公立的赠地学院，在农业、工程技术的发展和人才培养方面立下了汗马功劳。然而，近几十年来，伴随着金融资本的发达，精英教育日趋世俗化、市场化，传统名校集中培养商界和法学精英，不少非但没有成为西方传统社会良心的卫道士和制度设计者，反而成为资本社会世俗力量中的食利急先锋，活跃在咨询、会计、金融和媒体的最前线，成为资本寻租的得力干将，将资本对社会的侵夺推高到无以复加的地步。与此同时，技术创新缺乏人才储备，成了"无源之水，无本之木"。这正是今日美国生产力日趋萎缩，缺乏重大科技创新而难以引领美国经济走出低迷的重要原因。

大批熟练产业工人是一个宝贵的财富，是孕育杰出工程师的温床。当年先是英国、后来是美国出现了引领世界经济风骚的产业革命，依靠的就是大批技术工人。如英国发明蒸汽机的瓦特；美国发明"通用制度"与标准化的伊莱·惠特尼。然而，全球化与金融化的发展，使得美国企业一方面于本土越来越轻资产化、虚拟化，积极从事金融运营；另一方面在全球布局，将生产基地不断迁到海外，利用国际分工生产成本最低的产品，如此本土产业日趋空心化，导致美国的技术工人数量不断萎缩。工作的流动性越来越大、临时性越来越多，这对于技术的积累、产业工人的培育越来越不利。美国的劳动生产率日趋衰落，多年来一直滞后于德国、日本等重视实体经济发展、执着于制造业的国家。

美国资本主义的活力，与美国旺盛的企业家精神息息相关，从福特到比尔·盖茨，演绎了一个个巨型企业创造无穷财富的佳话与神话，诞生了著名的"福特主义"与"泰勒制"。但是，现代金融业与信息业的发展，使得越来越多的企业家，不用苦其心志、劳其筋骨就可以赚大钱、赚快钱。如此使"罗斯福新政"打击的"摩根主义"登峰造极。在金融化大潮的涌动下，企业家们纷纷弃实务虚，以钱生钱。有评论认为，随着苹果公司前CEO乔布斯去世，美国优秀企业家与管理者在世界经济舞台上也将黯然失色。

在资本主义上升时期，充满活力与旺盛生命力，资本主义的自组织机制具有丰富弹性。如此，即便遭遇危机，生产力遭遇重大挫伤，在一定的周期内也能有效恢复。因此，乐观主义者据此认为，资本主义总是处于自我破坏的过程中，总是对自身进行再创造。这就是约瑟夫·熊彼特所说的"创造性破坏"。"创造性"成果由发达国家少数人享有，而"破坏性"代价总是由殖民地、后进国家、钱多人傻的"弱智"国家承担。这恐怕就是罗莎·卢森堡所言的资本主义总是以非资本主义存在为前提。

第二次世界大战后殖民地消失，20世纪七八十年代后进国家奋起直追，产业不断升级；钱多人傻的"弱智"国家在边干边学中开始幡然醒悟，如此破坏性的巨大代价越来越难以向外转移，只能更多由本国大众、穷人承担。尤其是自20世纪80年代"撒切尔—里根革命"后，资本主义的"创造性"的巨大收益集中于本国资本、富人，破坏性的巨大代价则由本国大众穷人承担。如此，社会矛盾不断激化，危及资本主义制度。

资本主义因为自组织机制日趋僵化、老化，已经失去敢于自我破坏的勇气，"太大而不能倒"集中反映出系统性风险使资本主义越来越输不起，"创造性破坏"不复存在。这样，在西方国家诞生了一种管理哲学——"一个被拖延的问题实际上就是一个解决了的问题"，如此经济、社会、政治中积累的问题越来越多，资本主义的载体——主权国家政府越来越不堪重负，实用主义的回旋余地也越来越小。例如：以艾伦·格林斯潘为代表的金融市场最高管理者，为推迟"清算日"的到来，而不断制造泡沫，让那些半死不活的"僵尸"银行得以存续，危险因素越积越多，最终引爆了美国金融危机。

防范权贵资本祸害[*]

　　裙带严重、以权谋私、官商勾结、集体腐败，权贵资本直接或间接引发当年东亚金融危机。对于这场劫难，值得汲取的教训甚多，但从现实看，最应该提及的当数权贵资本的危害。

　　东亚金融危机后的一系列研究表明，这场金融危机从某种意义来看是"东亚模式"或"权贵资本主义"的危机；权贵资本的为所欲为，直接或间接引发金融危机并导致相关国家经济与社会的持久动荡。

权贵资本危害长远发展

　　第二次世界大战后，东亚威权主义者把经济增长作为第一要务。由于保持了政治稳定、采取专家治国和出口导向战略，东亚迅速摆脱了落后的状态，大大推进了国家的现代化进程。著名经济学家保罗·克鲁格曼认为，由威权主义而生成的"裙带资本主义"，在经济发展的某个阶段，商界和政府合作固然可以把整个国家的力量引到最有利于经济发展的途径上，但随着日积月累，它会造成监管不力和贪污盗窃的"道德风险"。

　　降低市场配置效率，损害金融稳定基础。在一些东亚国家，与政府领导层有密切联系的利益集团控制着经济命脉。这些家族依靠与政府的密切关系牟取暴利，从而妨碍了经济的长期健康发展。

　　一些国家表面上健康的财政状况实际隐含着大量赤字，这是因为政府对

---

　　* 本文原载于《瞭望》新闻周刊 2007 年第 13 期。

与政客们有裙带关系的银行、企业提供各种隐性担保，增加了金融中介机构和企业道德风险，由此生成的不良资产则体现于政府的隐性财政赤字。政府主导经济增长而引致的政企勾结，使企业不注重经营管理，不注重经济效益，只注重与政府官员拉关系，只注重市场和资本份额的最大化而盲目扩张。

从 20 世纪 60 年代起，韩国的银行就成了政府经济政策的影子，金融机构按照官员的"明言"或"暗示"贷款给企业，企业再把巨额利润输送给这些官员。由于银行的滥放贷款，到 20 世纪 90 年代，韩国每年不良债权总额至少有 7 万亿韩元，约占政府年财政预算的 70%。最大的 30 家财团负债加总占全国财富的 1/3，平均负债率高达 31.7%，有近 10 家大企业负债比率超过 500%。在金融危机爆发前，韩国已有 1/5 企业处于隐性倒闭状态。

超贷导致信贷膨胀，诱发泡沫经济。由于对权贵资本长期实行"金融倾斜"和优惠利率政策，为企业过度投资和盲目扩大规模创造了条件。同时由于政府对银行的保护，银行倾向于扩大贷款规模而忽视对贷款的风险管理。企业"超借"和银行"超贷"导致信贷膨胀，信贷过度膨胀的结果必然造成经济"过热"，在缺乏政府有效监管的情况下，造成低效益产业的过度扩张和股市房地产业的持续膨胀。

加剧贫富两极分化，危害社会稳定。权贵资本的肆意作为，使社会形成了暴富的少数和贫困的绝大多数的对立。在印尼，苏哈托家族与极少数华商控制着国家 70% 以上的财富，而赤贫人口（每天收入不足 1 美元）的数量有增无减。1996 年联合国人类发展报告指出：马来西亚 20% 最富有人口的财富与 20% 最贫穷人口的财富之比率，是东盟国家甚至是亚洲最高的，达 11.7 倍。政府主导的"新经济政策"带来的大部分好处落到为数不多的马来人公司手里，尽管一些马来商人跻身东南亚富豪之列，但大量的马来人仍旧生活在贫困之中。

分配正义所涉及的不只是物品和金钱的多寡，而是社会成员之间团结的基础。一旦这个基础遭到破坏，社会群体就无可避免地分裂为相互对立、相互敌视甚至相互暴力冲突的集团。东亚一些国家两极分化的加剧与暴富的少数和贫困的绝大多数的对立，产生了严重负面效应，即"人们第一次表现出一种对抗心理，甚至藐视现存权威"。如此动摇了社会稳定的基础，使市场经济秩序极度混乱。

权贵资本不仅大量侵吞国家财富，还在国家经济岌岌可危之际最先感知危机的来临，由此大量向境外转移资产，导致"羊群效应"，直接引发金融危机，或加速金融危机的到来。

权贵资本四大典型特点

裙带严重、以权谋私、官商勾结、集体腐败，被视为东亚权贵资本的四大典型特点。

政府权力私有化、国家经济家族化是东亚权贵资本集中体现。

菲律宾是东亚权贵资本的一个典型。军人出身的费迪南德·马科斯担任总统后，其夫人伊梅尔达被宣布为继承总统职位序列的第一人，此后伊梅尔达又计划把当省长的儿子栽培成为总统。总统夫妇两大家族的成员非富即贵，而军队中大部分高级将领都是总统的同乡伊洛戈省人。

印度尼西亚是东亚权贵资本的另一个典型，统治印度尼西亚达 32 年的前总统苏哈托视国家为自己的宗族、采邑和私产。苏哈托在印尼建立起庞大的盘根错节的家族统治，其子女加上他们的配偶、族亲和表兄弟及苏哈托的孙辈们，几乎垄断了印尼的金融、汽车、电力、建筑、交通运输、森林、矿山、新闻媒介和房地产等所有有利可图的经济领域。

在诸多东亚国家中，普遍存在着政府权力过大与权力过度集中，又缺乏有效监督制约的问题。

随着政府管理经济与社会事务的范围不断扩大，市场中的政策因素和权力因素加重，引发了众多的行贿动机。从政成为一种有利可图的职业，这又鼓励官员们和行政部门扩大对市场的干预以获得更多、更持久的利益。

全斗焕、卢泰愚、金泳三的儿子、苏哈托的子女等权贵就是利用各种配额、优惠、补贴、减免税、政策性贷款、大型工程以及各种收费、证照等纷纷介入市场。菲律宾前总统马科斯执政期间，其家族及与其过往甚密的几个大财阀，垄断了菲律宾国民生产总值的 80%，马科斯夫妇名下的资产至少相当于菲律宾国家 3 年的财政预算或 40% 的外债。另一位总统埃斯特拉达也因生活糜烂而被赶下台，被起诉贪污受贿的金额高达 8000 万美元。

钱权交易、设租与寻租在东亚国家相当普遍，形成了本地私人资本、跨国资本和官僚的结合体。

在印尼，富商们投入大量资金发展企业，然后让执政者的亲戚在企业中位居要职，由此形成极小部分富商与政治权贵利益交织、互相利用、共存共荣的官商勾结体制。

在泰国，不健全的民主政治使政商关系日趋紧密。商界人士用金钱收买选票支持官僚政客竞选，官僚政客当选后则以社会公共资源回报资助者，这种投桃报李的风气愈演愈烈。为获取竞选资金，政客们利用权力索贿或贪污，或者与商界密友签订"君子协定"：商界密友先垫付竞选资金，政客则保证当选后把有利可图的工程等各种经济特权回馈给商界密友。

韩国在自身经济发展之外的主要资金来源是美国援助，执政的自由党则掌握着美援的分配权，企业要获得官价外汇、进口许可、银行贷款、原料物资等，必须通过行贿或为自由党提供"政治资金"。

默许乃至纵容官僚阶层和执政党成员寻租致富，已成为当时东亚威权主义体制自我巩固的一个重要手段。

在马来西亚，自 20 世纪 70 年代后新兴的马来统治集团为了达到其"重组社会"（即提高马来人的经济实力、经商能力和收入水平，改变华人经济一枝独秀的局面）的目标，积极干预市场，使政治权力与经济利益难解难分，出现了执政党巫统大办公司、政府大搞巨型工程以及政府加强对市场的"指导"等现象。政党和政府的基干力量均参与了经济利益分肥，利用经济分肥来维持统治阶层内部稳定，借以稳定政坛秩序。

印尼苏哈托政权更是登峰造极，他上台后通过内务部和地方各级行政机构把所有的政府公务人员、国有企业管理人员拉入自己控制的"专业集团"。而专业集团既是为自己的私利垄断权力的工具，也是苏哈托集团手中掌握的强有力的政治机器。

东亚金融危机的深刻启示

政府对经济的过度干预应当被有效限制。在东亚国家的发展过程中，国家政权这只"看得见的手"成为现代化的策划者、推动者与组织者，虽然推动了现代化进程，但也造成了诸多弊端。由于政府垄断了庞大资源，对整个国家的生产、投资、税收、货币、信贷、贸易都有控制权，企业或公司为获取资源的优先分配或各种类型的经济优惠，便千方百计贿赂行政官员，由此引致日盛一日的钱权交易。由于东亚国家市场体系不完善、市场机制不健全，因此以政府力量主导经济发展有其必要性，但当经济发展取得阶段性成功后，政府应"急流勇退"，让市场充分发挥作用。然而，一些东亚国家由于相关利益集团的生成，使得政府对经济的干预变本加厉。政府对经济的过度干预成为腐败现象滋生的温床。

行政权力运用应当被充分监督。官商勾结、裙带关系等现象在国际社会司空见惯，即便美国政坛也由来已久：诸多总统就以任人唯亲出名，哈定总统的内阁有"俄亥俄帮"之称；杜鲁门总统的政府有"密苏里帮"之称；卡特总统的核心成员有"乔治亚黑手党"之称；里根总统的内阁成员以加利福尼亚人为主，有"厨房内阁"之称；小布什总统周围则是得克萨斯和以前老布什的幕僚。但是，裙带现象没有在美国泛滥成灾，走向大规模权贵腐败，进而引起经济危机或社会动荡，这主要是政府的权力受到多方约束与监督。有权力的人们使用权力一直到遇有界限的地方才休止。要防止滥用权力，就必须以权力约束权力。

人民群众监督应当被高度重视。权贵资本形成的前提是威权主义体制，而威权主义体制赖以存在的基础则是政治经济方面的人身依附、社会封闭与高度人治。在东亚，普通民众服从于大大小小的"恩从关系"，对政治家族、官员的效忠程度远远超过对国家和政府机构的效忠，政治立场私人化，政治活动非制度化，领导人家长化。因此，威权主义体制是东亚金融危机的制度根源，而从根本上破除威权主义体制迷思的一个重要甚至是必要途径，就是充分发挥人民群众的监督力量。人民群众监督可以有效制衡政治权贵滥用国家权力、妨碍市场经济发展。

"进步之箭"与"重复之环"

——"占领华尔街"的启示[*]

继"阿拉伯之春""欧洲之夏"之后，世界又迎来声势似乎更为浩大的"美国之秋"——"占领华尔街"。有分析认为，这是美国普通民众的普通诉求之普通表达。极端保守派认为是"暴民运动""阶级战争"。然而，笔者认为，这应是一场庶民觉醒运动，大众民主运动，抑或是美式资本主义走向终结的社会改良运动。

美国的自由资本主义名义上以自由为先，实际仍以资为本，一个人（自然人或法人）掌控的财富越多就越自由。两百多年来，资本主义适应了各种内外冲击，表现出强大生命力，其关键就在于资本主义的良好自组织机制，著名经济学家熊彼特称之为"创造性破坏"。然而，资本主义在激发创造性——巨大生产力的同时，也产生巨大破坏力。资本主义生产关系调节的结果是，创造性好处由极少数人享有，破坏性代价由大多数人承担。过去，发达国家的少数享有创造性好处，而广大落后地区、国家人民承担破坏性代价。今天，全球化、金融化与信息化使后进国家觉醒、新兴市场崛起，发达国家越来越难转移破坏性代价，越来越大的破坏性代价由本国大众承担，国内社会矛盾由此也越来越尖锐。美国的自由资本主义将"创造性破坏"推向了极致，大众分享"自由之名"，而富人独享"自由之实"，成为资本主义体系内矛盾汇集最集中、最多的地带，在大危机的冲击下，终于有了今日"占领华尔街"运动。

---

* 本文以《美式资本主义面临改良》为题，刊载于 2011 年 11 月 1 日《环球时报》。

经济自由主义有一个"滴漏"理论，就是让少数人在蛋糕切块中分得更多，如此便可以让社会蛋糕做得更大，这样在未来多数人就可以分得更多。说白了，就是让一部分人先富起来，然后先富带后富，如此实现共同富裕。但是，美国早在19世纪末就超过英国，成为世界最富裕国家，但是新老"强盗贵族"在不断增大的蛋糕中始终分得最多，而大众的份额不断减少，如今最弱势一族只能分得一点蛋糕屑而已。有经济学者计算，若以2000年1月的100为基数，美国家庭实际收入的中位数今天只有89.4，也就是说，美国中等家庭的收入较十年前减少一成以上。与此同时，1%少数收入则增加18%，占有40%的社会财富。中位数的计算方法比平均数更加靠谱。假若比尔·盖茨去看望一群无家可归者，依照平均数的算法，那么这群穷光蛋便立即富了起来。但是，若依照序数居中者收入衡量，穷光蛋们依旧是穷光蛋。如此，多年来，正是平均收入统计，美国的低层与底层民众硬是被经济学家拉入"被富裕"行列，一直在"分享"着富人财富。

美式资本主义做大蛋糕的结果是绝对富裕的孤岛与相对贫困的汪洋大海相对立。被资本钱力俘虏的政府，在所谓"太大而不能倒"或系统性风险的思想诱导下，劫贫济富，用普通纳税人的钱救助华尔街的无良金融大鳄，使这些纵火犯安享"黄金降落伞"，拿走成千万乃至上亿美元的"补偿"。在经济萧条这一如血残阳的映照下，99%的困顿与1%的逍遥构成鲜明对比。

正是金融危机擦亮了美国大众的眼睛，发觉今天美国早已不是开国元勋们与伟大政治家们所设计、所建设的美国，而是一个"1%所有，1%所治，1%所享"的富贵者的国家，普通大众"美国梦"断。发起"占领华尔街"运动的加拿大《广告破坏者》杂志发行人卡勒·拉森（Kalle Lasn）认为，现代社会已全部被大公司的广告所洗脑，人的自由已成了一种新的不自由，全球资本主义体系已出现严重问题。这位群众运动家认为，美国摆脱英国的统治，是美国的第一次革命，但是革命成果被华尔街财团及有关富人独享，大多数美国人则愈来愈穷，美国已到了第二次革命的前夕。"占领华尔街"就喊出了"第二次革命"口号。

中国儒家社会伦理把"勤劳""节俭"当作一种美德，美式自由资本主义则视"贪婪是好"。美国"最具良心的富人"沃伦·巴菲特有句名言，

"人家恐惧我贪婪，人家贪婪我恐惧"，很显然，在这位资本主义成功者那里，贪婪也是实现成功的必要条件。主流媒体、主流学者鼓吹、崇尚贪婪，说"占领华尔街"运动参与者都是一群失败者，本身缺乏对财富的渴求与谋取财富的能力。正是在贪婪的驱使下，社会的是非、善恶、美丑近乎完全被财富的多寡所覆盖，精英们不择手段、不失一切时机去赚大钱、赚快钱。作为金融资本主义的核心华尔街更是将贪婪推到了极致，所谓的"金融创新"实质与庞氏骗局般骗钱、明火执仗地抢钱无异，甚或就是一场"宁静的屠杀"。而资本主义自组织机制本身固有的"给你多余的，拿走你不足的"马太效应，也不断强化着贪婪。如此资本无良加剧社会不公，不公自然生变思迁。

人类社会历史主要是周期性因素与趋势性因素契合而成，是"重复之环"与"进步之箭"合力构成的螺旋式上升。资本主义已经历了多个"重复之环"——周期性危机与繁荣，似乎成为"不死的火鸟"。但是现如今，自由经济失灵，民主政治失效，社会道德失落，"创造性破坏"失败，美式资本主义面临全面制度困境，"进步之箭"正超越"重复之环"发挥主导作用，历史在呼唤用一种新的制度来取代美式资本主义制度。

秩序远远高于自由

——德国治理经验透视[*]

在当今资本主义光谱中，大略有英美的自由资本主义、东亚的国家资本主义以及德国的社会资本主义三大类。多年来，以东亚为代表的新兴市场的强劲增长势头、美国等国繁荣的经济泡沫，近乎全方位遮盖了德国经济的光泽。然而，次贷危机与紧随其后的欧债危机，令国际金融云谲波诡，世界经济持续低迷，资本主义风雨飘摇。新兴市场雄风不再，美英等众多发达国家陷入泥淖，而多年来一直不冷不热但保持"适度的温度"的德国，不仅成为西方世界的经济绿洲，更被视为陷入债务危机漩涡之欧洲的中流砥柱。

曾几何时，经济学界把一国经济健康活力与经济增长挂起钩来。以此来度量德国经济也曾有不俗的表现，从1950年至1960年，联邦德国GDP的增速高于所有西方国家，达到8.6%，由此一跃成为资本主义世界第二经济大国，在国土、人口、资源、战败等因素受到严重制约的情势下，创造了"德国奇迹"。近20年来，成熟发达的德国经济多半能够保持"不算快但较匀速"的增长，1993—2010年名义GDP年均增幅2.3%，在世界经济长跑中显示出了很好的耐力与活力。鉴于此，"德国模式"备受世人关注。

德国的魅力不只是经济的耐力与活力，更在其社会的有序与和谐。德国乃欧洲大国，是当今世界第四大经济体，第三大出口国，面积35万平方公里，人口8800万，占世界人口的1%，但诺贝尔获奖得者近一半为德国人或德裔。德国人及德裔近乎在世界各行各业的表现都卓越非凡，诸如马克思、

---

* 本文刊载于《世界知识》2012年第10期，有删节。

爱因斯坦、弗洛伊德、贝多芬、俾斯麦、克虏伯等等著名人士，曾经或依然在影响甚或改变着世界。

社会有序和谐的基础首先在于人与自然的和谐。德国是一个音乐王国，德意志民族诞生了众多驰骋于世界音乐天堂的伟大音乐家，如贝多芬、瓦格纳等等。世人尤其是东亚人难以想象德意志人与音乐的紧密关联。他们不仅在高兴与忧伤时歌唱，而且边劳动边歌唱，甚至听着音乐打仗（著名的"莉莉·玛莲"就是第二次世界大战时德国士兵战斗时的伴歌）。音乐是天然的语言，和谐是音乐内在属性。音乐潜移默化、深深地影响改造着德国。在德国，凡是不和谐的旋律、杂音都是不受主流欢迎的，不只是音乐，经济、社会、政治莫不如此。联邦德国在20世纪50年代初期，曾经强力清除极左和极右翼政党。显然，德国的和谐不等于一些人所鼓吹的田园牧歌。

德国奉献给世界的，不只是一流的工业产品，一流的文化、艺术品，还有一流的制度理念——社会市场经济——德国模式。社会市场经济就是典型的和谐产物。第二次世界大战后，德国经济一片废墟，国家社会分裂，联邦德国第一任经济部长、后任总理的路德维希·艾哈德在弗莱堡学派思想的基础上，提出了以"有序竞争"与"社会公正"相结合的原则来治理国家，以实现"共同富裕"。这就是所谓"社会市场经济"，即一种试图在保证自由市场竞争的同时而努力让全体人民分享经济增长成果的社会制度。

社会市场经济是联盟党（偏右）的政治主张，却得到了社会民主党（偏左）的认同，社民党强调"尽可能市场，必要时计划"。当社民党执政时，萧规曹随，保留了社会市场经济的核心内容。如此，社会市场经济逐渐成为朝野乃至社会共识。社会市场经济持续成功，使该制度被北欧如今近乎整个欧盟所接受，成为国家与区域发展的重要指针。

社会市场经济的宏观前提是朝野和谐，而其微观基础在劳资和谐。德国立法规定，企业内部实行"共同决定制"；企业必须设立职工委员会（20人以下的企业可免）；2000人以上的企业中，监事会中工人代表必须占50%；工人通过监事会（法定要高于股东会）直接参与企业的生产、投资、人事、福利等重大决定过程。遇到困难问题时，采取社会协商方式，由政府、雇主、工会以及其他相关代表共同协商。这种"社会协商一致原则"可以避免矛盾激化，使企业成本保持稳定而适度。

德国本质上是个注重集体主义的民族国家，对秩序的坚定而一贯的强调是整个社会和谐的关键。国家始终积极发挥"警察作用"来维护秩序，保证市场竞争与社会公平的落实。德国是个精英伟人辈出的国家，但是精英很少视自己高人一等而时时处处寻求优待。普法战争爆发时，哲学家尼采当时在巴塞尔大学已获得副教授职衔，他毫不犹豫地请求校方允许他参军入伍，与法国作战。只要与德国人接触，就无不为他们的敬业与专业精神所感动，无不为他们的"僵化"与"死板"行为所触动。这就是德国人所恪守的秩序。有史学家慨叹，这个讲纪律、秩序的民族，连革命都要等候统治者发号施令。加速第一次世界大战结束的基尔水兵起义就是如此。在德国人的心目中，秩序远远高于自由，他们的理解很简单，野兽是自由的，人不同于野兽是因为秩序，德国人不可以变为野兽。

一些中国人总是以现代性标榜，把他们看不惯或不能理解的传统，统统当作"封建传统"，而德国人往往视之为秩序的体现，如贵族血脉、骑士精神。德国的强大制造、持久耐力与活力的基础在于庞大而稳定的技术工人，而德国的技术工人长期以来就是在沿袭封建学徒制下孕育成长的。秩序尤其是德国人所坚守的秩序多半是封建的遗产。今天，我们赞赏德国模式，不仅在于德国人能在处理各种经济、社会矛盾上保持和谐，也在于德国人在对待现代、传统问题上坚持有序。

理华夏乱象

| LIHUAXIALUANXIANG |

中国：燃烧着自己，照亮着别人 *

中国成了国际社会的"三明治"

自中国加入世界贸易组织以来，中国兑现对外开放的承诺不断扩大、拥抱全球化的热情持续高涨，由此迅速主导了全球中低端加工生产，成为世界的加工中心，"中国制造"行销世界。但是，由于中国尚远离国际政治经济权力核心，主导不了全球贸易、金融秩序与规则，因此在扮演"世界加工厂"的过程中，持续遭遇跨国企业、国际垄断资本以及发达国家与发展中国家的两头夹击，中国俨然成为国际社会的"三明治"。

在整个国际分工上，中国成了一个介于发达国家与发展中国家之间的"世界加工厂"，中国的进口拉动着周边、拉美和非洲的经济，而发达国家的进口又拉动着中国的经济。发达国家贡献的是消费，中国贡献的是廉价的劳动力、环境与部分资源，其他国家贡献的是资源。

在贸易上，中国拥护、支持自由贸易体制，奉行"大进大出"的贸易政策。中国从向发达国家出口中赚取巨额贸易顺差，又从向发展中国家进口中转移出顺差。在此过程中，一方面，中国境外采购的能源、资源、原材料乃至中间产品价格不断提高，成本因此不断上升；另一方面，"中国制造"不断遭遇压价、反倾销之苦。

在金融上，中国从发展外贸与吸引外资中积累起庞大的外汇储备，用这

---

* 本文原载于《看世界》2008 年第 5 期。

些外汇储备购买美元资产，以此来支持美国的"双赤字"，"支援"美国国家建设，"协助"美国维持经济与金融霸权，维持着国际经济的脆弱平衡；但另一方面，中国却承受着人民币升值压力、流动性严重过剩、通货膨胀日趋严重、美元资产贬值等系列痛苦。

在政治上，不论是所谓的"民主国家"还是"专制国家"，都对中国既满意又不满意，充满了矛盾。

中国对内主张和谐社会，对外倡导和谐世界。在国内，我的地盘，我做主。但是，在国际，由于远不具备制定规则与一呼百应的能力，因此抛弃"韬光养晦"而努力"有所作为"，但却不知如何恰当处理硬实力、软实力和巧实力。中国正不断成为一些发达国家与部分发展中国家"敲诈勒索"（以承担更多国际责任的名义）的对象。

中国犹如蜡烛，燃烧着自己，照亮着别人

斯坦福大学的经济学家罗纳德·麦金农认为，中国对资源的巨大胃口给很多国家带来了好处，它已经使东亚国家发生了很大的变化，在全球市场上对初级产品的购买给拉美带来了实惠，像智利、阿根廷和巴西这些国家正在大量向中国出口原材料，因此我们看到拉美最近没有出现任何经济危机。

美国自己的权威研究机构认为，美国每年从经济全球化中获得的收益超过 1 万亿美元，而付出的成本只有 500 多亿美元。而自称是全球化最大收益者的中国，在加入世界贸易组织后获得的年收益不过 400 多亿美元，而这一收益尚没有计入日趋严重的环境问题与日益恶化的劳动者生命健康。美国家庭因为"中国制造"，每年少支出 1000 多亿美元，美国的通货膨胀因为"中国制造"而长期得到有效抑制。这实质上是中国利润的转移。

中国就像一支巨型蜡烛，燃烧着自己（消耗着自己的资源，污染着自己环境，伤害着自己的劳工），照亮着别人（压低了世界通胀，给世界制造了利润与经济荣景）。可悲的是，这种"国际主义情怀"非但没有得到世界的赞誉，反而还独自承受着越来越大的舆论指责与经济摩擦。

"比较优势"之陷阱

使中国落入当今如此尴尬境地的，主要因素之一就是主导中国对外开放政策的部分理论家，他们食洋不化，牢固地信奉西方教科书中所阐述的"比较优势"理论。因为对"比较优势"的执迷，长期坚持将中国定位在丰富、廉价的劳动力资源，当然还有不计代价的自然与环境资源上，由此落入"比较优势"的陷阱。这些理论家们鼓吹"造船不如买船，买船不如租船"，执迷"以市场换技术"的偏方，满足引进"适用"技术，放弃自主研发，最终导致"赔了夫人又折兵"，关键技术、高新技术没换来，市场却给丢了，原先固有的先进技术与团队没了，更严峻的是，机遇没了，如此使中国的国际分工落入尴尬的"三明治"之境地。

"比较优势"理论是西欧早期资本主义者为获取世界资源、拓展世界市场而发明的，是强者送给弱者的"礼物"，自诞生后便成为自由经济理论的基石。正因为"比较优势"理论是国际市场上的强者理论，所以一开始就遭到后进国家的抵制与反对。相对于率先进入工业化的英国和法国，德国与美国是当时的后进国家，德美就是用"保护幼稚产业"理论来取代以"比较优势"为基础的自由经济理论，并实现了国家强大。强大之后的德美便从英法手中接过"比较优势"理论，鼓吹自由贸易与自由经济。日本与韩国在第二次世界大战后相继迅速崛起，培育起能与西方跨国公司相抗衡的本土企业，实行的是经过改造了的"保护幼稚产业"理论，通过国家与政府的力量，扶植那些不具有"比较优势"但未来具有巨大发展潜力的行业之发展，由此获得巨大成功，改写传统国际贸易与经济理论。后来的经济学者将日韩的贸易与经济政策概括为"国家竞争优势"理论。

一个把希望寄托在别人身上的人，不会成为一个真正的强者；一个只会拾人牙慧与唾涕的民族，不可能成为先进与伟大的民族。人类文明几千年，中华民族多数时间"为天下先"，而且多数时间也"敢为天下先"。如今，有那么一群中国人，打着国际化的旗号，时时处处以洋为傲、以洋为先、以洋为尊，身段软到不能再软，结果使当今中国面临"三明治"般的尴尬境地。改革开放三十年，我们的确创造了很多辉煌，而且一直在不厌其烦地宣传与总结，但是我们由此积累的问题、承受的重压、遭遇的挑战也前所未有。摸索了三十年，我们在理论上似乎又回到了起点，也许这就是"螺旋式上升"，如此有了"科学发展观"，重新提出"建立创新型国家"。三十年的改革开放，其经验也丰富，其教训也深刻。

中国：你慢些走！慢些跑！[*]

奔向地狱之门，不仅是那些姗姗落伍者，也有所谓捷足先登的人。

"快"字当头的发展

新中国成立后，鉴于落后就要挨打的深刻教训，中央一直将快速增长作为经济工作的主轴。"鼓足干劲，力争上游，多快好省地建设社会主义。""一万年太久，只争朝夕。"目标很明确——早日实现"超英赶美"的宏伟目标，使中华民族早日屹立于世界民族之林。

中共十一届三中全会后，过去很多想法、做法都"拨乱反正"了，但是推动中国经济快速发展的目标没有改变。"贫穷不是社会主义，发展太慢也不是社会主义。"[①] "社会主义阶段的最根本任务就是发展生产力，社会主义的优越性归根到底要体现在它的生产力比资本主义发展得更快一些、更高一些，并且在发展生产力的基础上不断改善人民的物质文化生活。"[②] 为快速摆脱贫穷与落后，显示社会主义优越性，政府将所有的"宝"都似乎押在经济增长上。干部的考核任免提拔，近乎唯 GDP 增长数字是举，于是乎比、学、赶、超的政绩竞赛由此悄然开始。"有形之手"伸向社会经济各个领域，对"无形之手"的挤压越来越严重，对拥有特殊资源群体的依赖越

---

[*] 本文曾以《"求快"是中国经济问题重重的重要原因》为题，刊载于《看世界》2008 年第 3 期。

[①] 《邓小平文选》第三卷，人民出版社 1993 年版，第 255 页。

[②] 《邓小平文选》第三卷，人民出版社 1993 年版，第 63 页。

来越严重。

改革开放三十年，中国年均经济增长超过9%，一些年份甚至超过10%。外贸、外资、外汇捷报频传，第一、二、三产业蒸蒸日上，东部、中部、西部你追我赶……中国经济列车持续开足马力高速奔驰，由此也导致自然资源越来越紧张，环境与水资源压力越来越大，劳动者与一般居民的生命健康也趋于恶化态势，人与人之间的关系越来越不和谐，社会矛盾越来越尖锐。种种问题症结，都能找到一个"快"字。如今，从"又快又好"转向"又好又快"，论证起来"意义重大"，但是依然离不开一个"快"字。

唯"快"是瞻出了问题

在"发展是硬道理"指引下，政府的职能鲜明地定位为主导发展经济，因此凡是能促进经济增长的，便视为积极要素，不断弘扬光大；凡是不能或难以促进经济增长的，便当作消极因素，理应进行抑制。以此，作为改革的出发点。为快出成绩，重大改革措施往往未经细致论证、认真试点就仓促出台。

为轻装上阵发展经济，对教育、医疗等本应由政府责无旁贷提供的"公共产品"实行市场化。由此引发乃至激化了多种矛盾，威胁了社会的和谐与稳定。

以教育为例，为多出人才，快出人才，高校合并扩招。一年招进，两年合并，三年出炉，五年成功。中国不仅大学规模很快步入世界前列，而且培养的高等人才绝对数很快步入世界前列。然而，在"多收了三五斗"后，迅即有了"谷贱伤农"。诸多满怀希望的学子，毕业即失业，令含辛茹苦的父母百思难解、百般无奈。

不和谐的态势，年复一年，问题也聚沙成塔、成丘、成山，形成千里之堤溃于蚁穴之险，解决问题的经济与社会成本越来越大。

"慢"也是一种智慧

为尽快加入世界贸易组织，攀附上风驰电掣的全球化列车，中国承担了远远超过一个发展中国家所应承担的开放义务。如今，轻率承诺的隐患日益显现，导致外资对中国经济快速渗透与控制，抢占中国市场越来越多的份额，大豆、棉花等种植加工业岌岌可危，民族商业零售七零八落，金融领域风险不断攀升……

为快速增强民族企业的国际竞争力，快速进入国际市场，信奉"拿来主义"者认为高新技术研发投入太多，成本太高，代价太大，时日太长，因此执迷于适用技术，"够用就好"，痴迷于"市场换技术"，抱守"造船不如买船，买船不如租船"的信条。结果，中国在相关技术与制造上，落入了"越引进越落后，越落后越引进"的恶性循环之陷阱。

不管是否合乎国情，只要能拉动经济增长，就大干快上，数百条汽车生产线被引进，汽车产业因此在中国迅速崛起，昔日的奢侈品快速驶进属于中产以上阶层的千家万户。人们在享受"汽车革命"带来无比怡然的同时，蓦然发现，空气污染了，交通拥挤了，效率降低了，而且中国对国际石油的依赖越来越大，石油价格也因"中国因素"而不断上涨。

头痛就赶快去医头，脚痛便忙着去医脚。石油价格高涨，就拼命解决石油问题。同样找了帮不问国情的庸医，效颦美国制造生物新能源，将大量粮食炼制汽车用酒精，结果新能源没炼成规模，反而炼出个由食品价格上涨而引发的通货膨胀。正是由于每每缺乏通盘考虑国民经济的总体格局，急功近利，只见树木，不见森林，因此便出现"按下葫芦浮起瓢"的尴尬境地。

只要是客观事物，都有它自身的运行规律。智者之智，在于顺时应人，在于及时认知规律，尊重规律，依照规律办事。社会经济早就证明有其自身规律，经济本身也有它的自然增长与潜在增长能力。长期使实际增长超越其自然与潜在增长能力，必然要出问题。因此，顺其自然，多点"无为"，让市场来主导增长，让人民休养生息，自主发展，这是转变政府职能的需要，是实现科学发展的需要，也是人与社会、自然实现和谐的需要。

"中国制造" 的危机由谁制造？*

一段时间以来，境外一些媒体和人士对中国制造的玩具、牙膏、轮胎、宠物口粮、食品等"问题产品"口诛笔伐。美国食品药品监督管理局更发表报告称，中国是违反美国食品安全标准最严重的国家。美国发难得到众多国家，甚至包括菲律宾、印尼等中国周边国家的响应，紧接着针对中国"问题产品"实施的禁控也在国际社会接二连三掀起。价廉物美的"中国制造"一时间似乎成为"危险不可靠"的同义词，"中国制造"正面临着不小的信任危机。

"中国制造" 的危机是自由经济的危机

从世界经济史来看，产品质量以及由此带来的安全问题，首先是经济发展阶段性问题，某种意义上是市场经济发展的必然的阶段性产物。由于监管总是偏向滞后，利益的驱动会推动生产者造假，造假的历史与贸易史一样悠久，发达国家其实都有轻重不同的造假历史。一个世纪前，美国消费者就无法放心使用本国产品。从糖果、肉类到药品，很少能令他们放心购买使用。报纸每天都在揭露造假丑闻，连知名百货商场也在销售含银量低于广告宣传的餐具，而所谓的胡桃木家具其实是胶树材制成的。顾客必须小心，否则就会上当乃至中毒。到20世纪初，正是消费者无法忍受的怒火，促使美国政府和企业积极增强与完善产品质量管理。我们的近邻日本与韩国如今在指责

---

* 本文原载于《世界知识》2007年第17期。

与笑话"中国制造",而它们在第二次世界大战后的经济起飞阶段先后都面临过"日本制造"与"韩国制造"危机。

实际上,产品质量与安全问题是世界各国面临的共同挑战。前些年,国际上也发生过多起影响巨大的质量安全事件。世界卫生组织最近发表声明说,他们每个月要收到 200 份来自 193 个成员国的食品安全报告。根据美国食品药品监督管理局提供的资料,尽管每年中国输美食品数额巨大,但被该局拒收的中国食品,其批次远远低于从丹麦和多米尼加的输美食品。2006年,多米尼加输美食品中有 817 批次在边境被拒收,主要原因是杀虫剂含量超标;丹麦输美糖果有 520 批次因质量不合格被拒于美国大门之外;因质量问题被美方拒收的中国食品不过 391 批次。在向美国出口污染产品的国家当中,2006 年印度和墨西哥被美国拒绝接受入境的食品批次超过中国。

但是,国际社会(主要是美国)唯独盯住"中国制造"不放,不排除有浓厚的"中国威胁论"情结,以及借机"修理中国"的图谋。情绪发泄远远超过理性表达,正在竞选的美国政客利用此事猛烈攻击中国:他们先夺走了我们的工作,然后又杀死我们的猫并毒害我们的孩子。美国民主党总统候选人之一、新墨西哥州州长理查森叫嚣:"现在是羞辱中国的时候了!"政客的举动明显小题大做,以牙膏产品为例,2006 年中国出口额为 8000 万美元,不到中国 9700 亿美元出口总额的万分之一,被查出含二甘醇的牙膏为 330 万美元,占三十万分之一。日本厚生劳动省公布 2006 年日本进口食品合格率,其中自中国进口的食品合格率为 99.42%,与欧美不相上下,美国是98.69%,欧盟是 99.38%。纽约大学政治学系教授就此分析,即使对当年欧洲的疯牛病、墨西哥的伪劣产品,美国媒体也不曾如此大肆渲染,此次针对"中国制造"的负面报道实质上是又一波"中国威胁论"。

从市场保护主义来看,"中国制造"的危机实质是自由市场的危机。中国出口产品一半以上是加工贸易出口,是按照外国订货商的要求和标准生产的。外商投资企业出口占中国出口总额的 58%。"中国制造"实际上是"世界制造",这是中国按照经典西方经济学教科书中所阐述的"比较优势"实现资源配置的结果,是世界制造业发展和国际分工的必然结果。中国以发展中国家以及先前发达经济体前所未有的开放度,去拥抱世界,积极参与全球化，这本是新时期国际贸易自由化的标杆，却因此遭遇日益强盛的市场保护主义之殃，而设置这一壁垒的，正是昔日高举自由经济大旗的美欧国家。因此，"中国制造"的危机如若属实，那将是自由市场的危机，是世界资本主义的危机。

"中国制造"危机更多是由中国制造

对"中国制造"危机的透视分析，不能排除美国于大选年所表现出的一贯的"政治风暴"，不能排除欧美近年来一贯的市场保护主义的抬头，甚至不能排除西方世界近代以来的一贯"排华"与"黄祸"的"种族情结"。但是，笔者认为，"中国制造"如果出现危机，那主要也是由中国自己制造，是一小撮唯利是图的企业制造，是相关失职的监管当局制造，是一些长期追求经济增长政绩、包庇境内企业投机取巧的地方政府制造。因此，我们在做好对外工作的同时，应深刻反躬自省。

当今中国不仅处在社会主义市场经济的健全完善时期，同时也是类似资本积累时期。社会急速转型导致道德的急剧滑落，而法制建设（重在执法）严重滞后。如此，利欲熏心的业主制假售假、投机取巧的行为屡见不鲜，屡禁不止。其实，对于境内企业的制假售假、投机取巧，一些地方政府早就了然于胸，但是为了小团体利益、局部利益、地方利益，往往采取包庇、纵容政策。最终导致少数害群之马殃及整个"中国制造"的声誉与形象。倾巢之下，岂有完卵。皮之不存，毛将焉附。整个国家利益受损，哪有地方利益可图。近现代中国被欺侮的历史充分说明了这一点。

长期以来，境内一些媒体很少去激浊扬清，透视人民群众创造历史的真实画面；也很少去访贫问苦，关注弱势群体的生活艰辛。而是拾人涕唾，竞步西方媒体后尘，即为抢占市场、增加发行额而去跟风、去炒作、去媚俗，竞相热衷对富人、贵人、名人鸡毛蒜皮的"成功"报道。由此激化社会"一夜暴富"的心魔。致富有捷径，投机胜勤劳。如此，迅速致富的冲动和约束机制的缺失，使得越来越多的人置道德与法律于不顾，去铤而走险，制假售假、投机取巧因此而层出不穷。

近来，出口食品产品质量问题与国内食品价格大幅度上涨同时出现，对外摩擦加剧，国内百姓尤其是低收入家庭怨声载道。产品质量与食品价格问题两者表面上无多大关联，而实际反映的是，相关监管部门长期以来存在的重量轻质、重表面宣传轻实质管理、重出口业绩轻国内民生等行为偏差。

"中国制造"危机的启示

有道是，方向决定成败，细节影响好坏。然而，在大方向确定而细节上出现严重疏忽时，往往也能决定成败。质量是产品的生命，其实也是企业的生命。此轮涉及"中国制造"质量问题的不只是一般制假售假企业，而且还涉及国内一些知名企业、中资明星企业。后者一般早就通过了 ISO9000 认证，但依然卷入"问题产品"漩涡。因此，企业对产品质量管理须臾不能疏忽，应警钟长鸣，常抓不懈。其次，各类企业应当建立危机应急机制。问题产品出现后，相关企业万不可隐瞒推诿，理当快刀斩乱麻。在美国，多数企业一旦发现问题产品，往往立即主动召回，甚至扩大下架范围，这样做尽管会蒙受损失，但从长远看，有利于提高声誉，得到消费者的理解与信任。相反，当英国"疯牛病"引起国际社会高度关注时，相关政府部门与企业对"疯牛病"遮遮掩掩，导致英国失去 70% 以上的欧盟牛肉市场，"英国食品"从最安全跌落到"不可信"，其农业也自此一蹶不振。

媒体的职业精神值得弘扬。境外媒体对"中国制造"的报道不排除以偏概全，甚至无中生有、捕风捉影、恶意炒作。但是，从东道国的立场来看，还是有其合理之处，甚至是无可厚非。因为这些媒体"排山倒海"式的报道形成了一股对政府部门进行监督与制约的压力。近年来，越来越多国内媒体也正是本着对民众负责的宗旨，顶着各式各样的压力，挖掘报道安徽"假奶粉"、山西"黑砖窑"等诸多事件，不仅体现了媒体的特殊功用与社会价值，而且捍卫了民众的利益，维护了执政党与政府的形象。

政府部门提高执政能力已是当务之急。"以不变应万变"长期以来一直是我们一些政府部门工作的"指导方针"。市场经济与经济全球化的迅速发展，已使我们的一些政府部门的衙门作风与僵化思维远远落后于时代。在境外媒体刚刚报道中国"问题产品"时，我们的一些部门同样一以贯之的是"坚决否认"，配之以"别用有心"进行搪塞。这不仅无助于问题的解决，而且直接导致事态的恶化。而后在众多事实面前与强大国际压力下，竟然来个"双重标准"：出口到国际的产品遵循国际（或东道国）标准，而于国内销售的则依然如旧，这分明又是给予外国消费者的"超国民待遇"。一个良好的法制国家、一个健全的工业化社会，应该有完整、统一的质量控制标准和机制，而且这些标准和机制由监管者科学制定，同时被生产者严格遵守。"双重标准"给予外国消费者的"超国民待遇"正引发广泛质疑。

转变经济增长方式已刻不容缓。在国际，内需始终是拉动经济增长的三驾马车的"主动力"。在中国，由于指导思想的偏差，经济增长对外贸的依赖越来越大。1978—2005 年间对外贸易年均增长高达 17%，为世界同期贸易增长率 8% 的 2 倍多；加入世界贸易组织后，外贸增长几近疯狂，年均增长近 30%，外汇储备年均增长近 40%。这种对国际市场的过度开发与过度依赖，必然加剧与相关贸易伙伴的摩擦，加剧国内资源环境的紧张，无助于"和谐世界"与"和谐社会"的构建。而且，中国的出口是以量而不是以质取胜，参与国际竞争的唯一法宝仍然是低廉价格。低价的保证是对成本的压缩，然而在没有成熟有效的约束机制下，这种压缩成本的冲动就会演变成"劣质"的源头。因此，转变经济增长方式，调整国内产业结构，促进制造业由低附加值的劳动密集型向高附加值的技术密集型转变已刻不容缓。

正视境外利益集团*

　　与发达国家相比较，在华的境外利益集团拘束较少，应对其实施有效制约。对外开放 30 年，进入中国的外资早已告别"散兵游勇"状态。为巩固和扩大在华利益，这些外资依靠自身雄厚经济实力与母国强大政治后盾，通过各种方式，活跃于中国各级政府部门与重要民间团体之间。由于缺乏有效的制约与制衡，各类境外利益集团通过各种途径，越来越多、越来越深地介入了中国重大事务，并带来一系列复杂影响。

境外利益集团在华活动手法

　　近些年来，境外利益集团在华活动十分活跃。而中国官方与民间对这类活动及其影响缺乏清晰认识。

　　其一，强力公关。境外利益集团熟谙中国国情，巧妙利用各方人脉，想方设法接近各级领导，一方面试图进行商业游说，影响相关决策；另一方面可作炫耀资本，为商业活动铺路。

　　其二，利益输送。境外利益集团或聘请一些部门领导与职员做咨询师，或将相关课题配以丰厚的课题经费，给予有关部委研究机构与学者等为途径，对中国相关部门决策与立法施加影响。某些国际大公司常年、多次以课题研究名义，向国内一家研究机构提供研究经费，该机构投桃报李，一直为跨国公司的在华利益而奔走呼号。此外，以安排出国观光、子女境外就读、

---

　　* 本文原载于《瞭望》新闻周刊 2008 年第 18 期。

090

协助转移资产等为条件，或以参加国际学术研讨、邀请做访问学者、收录论文进科学引文索引（SCI）、授予名誉学位或职称等为诱饵，吸引中国官员、学者为其效力。

其三，与国内利益集团结成共同体。 在对外开放进程中，中国滋生了一些从事"买办"活动的掮客，这些掮客与境外利益集团形成日趋紧密的"共生"态势，获取超额收益。与境外利益集团结成利益共同体的还有法人。一些大型中资企业为了自身的短期利益，充当外资的"铺路石"与"敲门砖"。如某些有违常理的合资项目，一开始就体现出外资的独资图谋。由于中方出资人往往缺乏有关经营经验，因此合资公司实际由外资主导。

其四，与一些地方政府形成共生。 在 GDP 增长作为主要考核政绩的制度安排下，一些地方政府纷纷进行"冲向底部"的"割喉战"，争相招揽外资，过度引进，超前开放，导致日趋严重的"外资崇拜"。如有的地方政府在筛选当地骨干企业的战略投资者时，首先排除的是中资企业，执意将国有股权转让给境外投资者。"两税合一"刚刚提上议事日程，有的地方政府和某些外资企业便联合行动，希望影响立法机关的决策，保留外企特殊优惠待遇。

其五，跨国垄断资本结成联盟。 中国第一、世界第五的电池生产商福建南孚公司已成为跨国垄断资本合谋的经典案例。1999 年南平市有关部门为改善治理结构而主导引进外资，但竭力避免被同行产业资本（主要是竞争对手美国吉列）所并购。然而，以摩根士丹利为首的国际基金在 2002 年对南孚实现控股后，2003 年就将所持股份全部转售给吉列。

其六，借助总部所在国政治力量。 以政治促进商业利益，是国际社会的"通行规则"，境外利益集团自然精于此道。如获悉中国有关重点工程需要数亿美元的设备和技术时，有的外企极力游说该所在国政府沟通，以促成与中方签署巨额供货协议或交易。

透过现象认识利害关系

经济主权是政治主权的基础，也是国家经济安全的重要内容。保持经济主权的独立是中国对外开放的前提，也是实现经济繁荣、国家富强、民族自决的重要保障。一国的经济主权不仅体现在领海、领土的管辖与治理权，更重要的是集中在经济自主决策权。

当前，活跃在中国境内的境外利益集团，通过各种方式，越来越多、越来越深地介入中国经济决策。有关中国的经济主权受到侵蚀的话题越来越引起关注。

一是影响中国重大决策。美国国务卿在任国家安全顾问时，就特别强调，在军事对抗、政治角力、经济竞争的同时，应当更加注重对目标国知识精英的影响。境外利益集团利用在华获得的丰厚利润，自己培育并拥有分析师，或高薪聘请优秀华人学者担当顾问或独立董事，通过境内外媒体精心包装、刻意打造，提供各类活动舞台，提高其知名度、美誉度，从而成为中国国内行业精英，拥有强大的话语权，以期影响行业乃至国家宏观经济决策。

如中国的企业股权分置改革、引进境外战略投资者、海外上市等谋划时，表面是相关经济学者在呼吁，实际都或多或少渗透着美国金融机构、智囊机构的决策诱导。其中，某些市场化、国际化倾向，有可能使国企逐步沦为外企的并购对象，乃至市场被控制或垄断。从另一方面看，推进中国优质大型企业或国有垄断企业境外上市，既要为外国金融服务机构提供巨额咨询、审计、评级、承销费用，又造成中国财富通过"分红"形式输送到境外。

二是影响中国立法。某些跨国公司在中国大举并购，当中不乏涉及谋求或实现市场垄断的情形。起草和颁布《反垄断法》是解决外资并购垄断问题的重要手段，但是境外利益集团施加影响，致使《反垄断法》推迟出台。

三是影响中国政府威信。中国政府明文规定，中国金融实行分业经营、分业监管。但习惯且擅长全能运作的某些外资机构，利用中国混业监管上的某种缺失，加速在中国金融业的网状布局，有关外资金融机构已在华拥有银行、证券、保险等多种分支机构，"明目张胆"地实施混业经营。

为抑制房地产市场泡沫膨胀，自 2004 年开始，中央政府实施以紧缩银根为主的宏观调控。但是，若干外资机构凭借其强大的经济实力以及独特的优越地位，向本土房地产公司提供包括融资在内的各类金融服务。一些国际顶级公司，直接或间接进入中国房地产市场影响房价。

在境外利益集团的影响下，有的部门与机构扩张自己的部门利益、局部利益以及部门局部中的小团体利益，为此往往不惜采取欺上瞒下的方式，误导高层决策。

四是影响中国法律威严。一些外企集体抵御《劳动合同法》出台，是因为这类外企违法用工比比皆是。有的外企一直不与劳动派遣者签订劳动合同，目的是随时可以辞退这些员工，而且不用支付赔偿金。

依法纳税是每个公民与法人的义务，依法征税是每个国家的税收主权。不少在华外企长期存在"长亏不倒"和"越亏损越投资"的怪现象，2005年账面亏损的外企占总数60%以上，其实质大都是通过各种避税手段转移利润，并通过各种公关活动持续避税获利。国家税务总局的不完全统计资料显示，一些跨国公司利用非法手段避税，每年给中国造成的税收收入损失保守估计达300亿元以上。在中国经济年均增长约10%、税收年均增长高达20%—30%的态势下，2004年外资（包括港澳台商企业）百强纳税增长率为零。

中国的《工会法》规定，在中国境内的企事业单位、机关中的劳动者，都有依法参加和组织工会的权利，任何组织和个人不得阻挠限制。但是，某些外企以"建立工会组织不符合国际惯例"等理由拒绝员工参加和组织工会。在华外企近50万家，雇用职工2000多万，但是组建工会的外企不到20万家。

五是影响中国社会和谐稳定。在有的地方部门的庇护下，一些跨国公司长期漠视中国劳动者的合法权益，以至于相关劳动纠纷愈演愈烈。恶劣的工作条件、低廉的工资水平、缺乏各类劳动保障等因素，使外企职工群体性事件有逐年上升的趋势。

中国民间经济分析机构安邦集团提供的数据称，跨国企业在华行贿事件近十年来一直呈上升趋势，中国调查的50万件腐败案件，64%与国际贸易和外商有关。

借鉴国际经验制约境外利益集团

在西方国家，对境外利益集团的游说等活动，如果不加限制，就有危害本国利益的可能。与发达国家相比较，中国的境外利益集团无拘无束，如今该是依法进行有效制约的时候了。

首先，约束境外利益集团活动。方式一，法律制约。美国主要有三部法律——《外国代理人登记法》（1938 年）、《联邦院外活动管理法》（1946年）和《院外活动公开法》（1995 年）——对境外利益集团的活动进行直接管制。主要涉及：对"游说者"的法律地位进行明确界定；实施主动登记制度、定期报告制度与身份表明制度；以及对违法者实施民事与刑事处罚。其他法律也对境外利益集团的行为进行限制。如《联邦选举法》禁止外国人和外国代理人对选举进行捐款，《政府道德法案》禁止外国人和外国代理人向政府官员馈赠礼物。

方式二，舆论与社会监督。新闻媒体的报道揭露比法律制约更加及时有效，应鼓励新闻媒体、社会大众以及其他各类组织机构，对跨国公司、相关涉外团体与个人的行为进行监督。在美国国会注册的游说组织大约有两万多个，但是注册为"外国代理人"的不到 500 个。大多数为海外利益进行游说的组织并没有主动履行注册义务。因此，仅靠法律对"外国代理人"的行为进行约束远远不够，而舆论与社会监督有效弥补了这一不足。其中，社会组织就扮演了极其重要的角色，在防范外国利益集团的活动中，往往是目标的提出者、活动的领导者和推动者。这些组织往往由国会议员或专业律师发起建立，拥有雄厚的资金基础、严密的组织结构和明确的行动议程，并与政界保持着密切的联系。

方式三，鼓励与境外利益集团相对立、相竞争的利益集团的发展，实现博弈的基本平衡。鼓励竞争性行业商会和同业公会、行业协会以及社会公益团体的发展，形成对强势集团的制衡。

其次，制约学者与"掮客"行为。规范部分学者的"研究"行为。本着"管住政府，放开民间"原则，约束、规范各大部委研究机构与学者接受境内外企业、机构资助的课题研究，严格禁止涉外部门工作人员在外企或驻华商会等的"变相任职"。鉴于行政干预力的敏感以及道德制约力的缺失，鼓励相关社会公益团体对那些充当"黑嘴"或境外利益集团代言人并造成严重不良社会影响的学者提起法律诉讼，以制约某些学者日益严重的道德风险问题。增加决策与执行的透明度，鼓励媒体进行公正的舆论监督，激励公众进行必要的社会监督。

约束"掮客"的买办行为。充当掮客、游走于境外利益集团与国内各政府部门之间的有一些是领导干部子女亲属。因此，要强化高级领导干部财产与子女亲属就业的申报、登记与公示制，敦促高级领导干部以身作则，身体力行，管教好自己的子女亲属。

再有，遏制部门与地方利益膨胀。部门利益与地方利益膨胀，有可能驱使一些地方政府或部门与境外利益集团"同舟共济"。部门利益、地方利益与境外利益的紧密交织，是境外利益集团活动为所欲为的主要诱因。因此，必须坚决遏制部门利益、地方利益的不断膨胀。

警惕部门利益膨胀[*]

近年来，随着市场经济的发展，中央政府机构中的部门利益问题日益突出。在决策或履行职能过程中，有些部门过多从本部门利益出发，过于强调、维护与谋取本部门利益，影响了决策的战略性、全局性和前瞻性，损害了社会公正与大众利益，增添了国家经济及政治风险。

部门利益膨胀的突出特征

一是部门利益最大化。部门利益是指行政部门偏离公共利益导向，追求部门局部利益，变相实现小团体或少数领导个人的利益，其实质就是"权力衙门化"与"衙门权力利益化"。过去，部门利益多体现为政治利益。市场经济发展，使部门（包括一些虽已"公司化"但仍有行政管理权的机构）不仅作为一个行政主体，而且还成为一个相对独立的经济利益主体。由于中央政府各部门没有完全落实职权法定原则，相关职权又处于调整之中，一些部门便从"部门利益最大化"出发，努力巩固、争取有利职权（如审批、收费、处罚等），冷淡无利或少利职权，规避相应义务。集中体现为超编（部门领导通过扩张政府部门来扩张自己的权力）、超支（突破财政预算、拓展预算外收入）倾向，极端体现是部门领导个人或集体腐败。

二是部门利益法定化。依法行政是社会主义法制及政权现代化建设的必然要求，但是中央机构广泛存在借法律规章来巩固、谋取部门利益的现象。

---

* 本文原载于《瞭望》新闻周刊 2006 年第 41 期。

如通过"职权法定""行为法定"与"程序法定"使部门利益法定化。由于立法机构本身的因素，导致人大常委会审议的法律草案多由政府部门起草。近20年来，在人大通过的法律中，由国务院各相关部门提交的法律提案占总量的75%—85%。此外，还有大量由行政部门制定的行政法规、部门规章，同样具有法律约束力。

有些政府部门利用政策资源优势，在制定有关法律草案时，千方百计为部门争权力、争利益，借法律来巩固部门利益，获取法律执行权，进而获得相应的机构设置权和财权。

三是部门利益国家化。部门代表政府行使行政权力，本应维护国家利益。但是，在现行体制下，有些政府部门在制定决策过程中，为积极巩固、谋取本部门利益，将部门意志（其实往往是部门领导或小团体意志）上升为国家意志，或将国家意志歪曲为部门意志，以部门利益取代国家利益，借维护国家利益之名，强化行业管理之由，行谋取部门利益之实，使部门利益出现比较严重的国家化倾向。

四是部门利益国际化。随着开放日渐扩大，有的中央机构打着"与国际接轨"的旗号，利用增进对外交往、加强对外合作等时机，以"接受国际惯例""增强国际竞争力""提高国际资源控制力"等为借口，挟洋以自重，巩固、谋取部门利益；有的中央机构的部门利益与境外集团商业利益的交织正日趋紧密，在一些重大涉外政策上，有时甚至不顾国家、民族利益，成为境外利益集团的代言人。

带来的隐性危害

降低行政效率，助长行政腐败。长期以来，我国行政的突出特点是决策与执行不分，机构设置偏多，职权交叉重叠。在具体行政过程中，凡是能巩固、谋取部门利益的，则积极"作为"；凡是与部门利益相抵触、难以谋取部门利益的，则消极"不作为"。这使得一些能维护、增进国家利益的重大决策（如《反垄断法》、燃油税、内外企统一税率、数字电视标准等）迟迟未达成共识而难以出台，而一些对国家利益有消极影响的重大决策（如教育产业化、医疗市场化、行业垄断、外企"超国民待遇"以及很大一部分出口退税等）迟迟难以取消或调整。行政执法重事前审批、轻事后监督管理，这也是矿难频发的重要原因。

部门职权与资源配置结合的一个重要体现就是审批（特许与垄断经营权等）。由于缺乏必要的监督，审批必然引起"寻租"盛行，导致行政腐败。如某部委本应是一个主管中长期规划的超脱部门，但实际上，既承担宏观调控，又负责项目审批，权力过度集中。实践证明，部门利益必然使之忽略宏观趋势把握，重视具体项目审批；借宏观调控之名，强化行政审批。这不仅造成宏观调控手段的错位（以行政手段代替经济手段），而且引发与其他中央政府部门职责冲突，并和相关地区、行业利益紧密连在一起，成为中央政府部门之间、中央政府与地方政府之间的矛盾焦点。

增加经济运行成本。部门利益膨胀使得机构臃肿，人浮于事，"隐形超编"（从外部"借调"）普遍，导致国家财政收入开支50%以上用于"养人"（发达国家一般在20%左右）。某教育机构年招收学员约1200人，而在册工作人员1400多人，农民工1500多人，退休员工800多人，教职员与学员的比例约为3∶1，效率明显低下。部门利益膨胀使得行政收费难以清理取消，损害了市场机制作用的充分发挥。借权谋利正使公权部门向自利性组织演变。研究显示，各级政府部门每年收费总收入约为8000亿元。若能够规范清理收费，全国每年将增加60万—80万户中小企业，可新增600万—800万个就业岗位。能源、电信、铁路等行业，借助垄断，维持垄断高价，获得垄断利润，造成财富分配扭曲和资源配置恶化，"煤电油运"全面紧张与行业垄断存在紧密关联。

增大国家经济风险。长期以来，先部门利益后国家利益，重部门利益轻国家利益，以部门利益取代国家利益，甚至为部门利益而不惜牺牲、损害国家利益等行为，影响社会经济的健康发展，增大国家的经济风险。部门利益的一个重要外在体现，就是机构超编、预算超支，由此造成财政开支压力不断增大，使得政府本应承担的义务教育、公共卫生、社会保障等公益事业得不到有效实施。正是由于部门利益作祟，外企长期享受"超国民待遇"才未能适时调整，这不仅不利于中资企业与民营经济的发展，而且加重我国经济对外依赖。更不利的后果，是制约我国有关产业的长远发展，使得国内比较完善的独立自主的工业体系严重受损，尤其是作为"工业之母"的装备制造业面临严峻态势，国民经济的重要行业"排头兵"有些为外资企业所控制。由于行政力量保护，垄断企业内部治理普遍存在严重缺陷，隐含着重大经济风险，"中航油""中棉储"以及国有银行大案要案不断，就是集中体现。

增大国家政治风险。人民政府职能部门如果不代表人民利益，而是代表集团或个人利益，损害大众利益，必然损害政府的公信力与权威，损害党和政府在人民群众中的形象。一些部门决策往往反映的是强势集团的利益，社会大众尤其是困难群体的利益被严重忽视。部门利益使一些改革片面追求经济效益、严重偏离社会公正方向，威胁社会稳定与和谐。

部门利益膨胀的缘由

公共权力市场化。在计划经济体制下，各部门形成了从中央到地方自成体系的"条条"格局。改革开放以来，在不同的部门中仍多多少少存在或新生一些下属企事业或中介组织。随着经济市场化的发展，部门本位主义由此而不断增强，主管部门与下属企事业逐渐演变为利益共同体，主管部门给予下属企事业以行政垄断或特许经营，而下属企事业则向主管部门输送经济利益。

经济改革激发了人们的利益观念，一些"利益觉醒"的政府部门成了事实上的利益主体，在市场经济中开始用手中的权力主动牟取利益，寻求经济利益最大化；当前，我国社会经济正处于转型期，政府职能也处于转变中，各部门的职责难以清晰、科学界定，部门关系还有待理顺。因此，有的"利益觉醒"部门趁机不断强化、扩展职权，巩固、谋取部门利益。

利益集团施加影响。随着市场化的发展以及政府拥有广泛资源与强大干预能力，我国的各种"利益集团"迅速产生和发展起来，对政府的决策以及政策的执行施加广泛而深远的影响。

一是众多境外与涉外利益集团，如各国在华商会，通过母国政府或政治游说，或收买、利用高干子女、亲属，或聘请一些部门领导与职员做咨询师（拿咨询费），或将相关课题配以丰厚的课题经费，给予各大部委研究机构与学者等途径，对我国相关部门决策与立法施加巨大影响。这是我国大量政经信息外泄、经济高度对外依赖、独立自主的工业体系受损、外企长期保持"超国民待遇"不变以及内外企税率未能统一等一系列重要问题的症结所在。

二是金融（银行、保险）、能源（电力、石油）、邮电（邮政、电信）、运输（铁路、民航）、基础建设等领域的国有垄断企业，长期依托行政垄断，拥有强大的博弈能力。为维护龙头地位、持续获得垄断利润，有些垄断企业在政界、学界、传媒界网罗代言人，影响甚至操纵话语权，为其垄断地位辩护，极力排斥行业竞争与民营经济介入，抵制《反垄断法》等于己不利的法律政策出台，或以本行业的特殊情况（如自然垄断、国家安全、为政府赚钱等）为由要求从相关法律政策中得到豁免，维持垄断。

三是众多行业的一些私营企业家或通过显形与合法途径，争当人大代表或政协委员，利用人大与政协这两大政治舞台，来声张、谋取其利益；或私下聘请相关专家学者担任独立董事，为其摇旗呐喊（即所谓"黑嘴"）；或通过行贿等不正当的利益输送直接影响行政决策。自中央推行宏观调控抑制房地产价格过快增长的政策出台后，有的房地产开发商迅即与一些专家学者、房地产研究机构、部分媒体甚至官员联手，强占行业话语制高点，并形成一个行业性的"话语链"，以对抗宏观调控。

财政制度不健全。现有的财政体制缺失强化了部门利益。至今，我国尚未建立起适应市场经济发展需要的"公共财政"制度。西方国家很早就实行"零基预算"，每年在制定预算时，皆从零开始，重新编制。如今一些国家采用更为先进科学的"绩效预算"。我国名义上引进"零基预算"，实质仍按"基数预算"运作，即确保上年预算基数，并逐年上升。因此，有关财政政策可以说是建立在对既得利益的确认上，导致财政开支刚性，部门机构超编超支。

立法体制不规范。一方面，我国立法机构存在缺陷，人大在立法中的绝对主导地位尚待确立，人大代表不是职业化，相关专家比例低，不能或难以自主立法，只能委托行政职能部门代为起草。另一方面，对行政部门制定法律及规范性文件的行为，有时监督不力。国务院有关法制机构在相关人员数量与素质上难以保证；而在立法的公正性与执法的便利性上，难免向部门倾斜。因此，"部门立法"与"法出多门"情形突出。

部门内部制约力缺失。长期以来，我国行政职能部门实行的是"一把手"负责制，容易导致行政监督与制约缺失，往往使得领导个人意志成为部门意志，而所谓"部门利益"往往也是部门领导利益。市场化使行政职能部门作为经济利益主体更加突出，市场经济条件下的利益多元化，使领导集体易于形成"利益共同体"。在国家利益与公共利益缺乏明确的维护力量与衡量标准的情形下，职能部门便从"部门利益最大化"而不是"国家利益最大化"的原则出发，来制定本部门的方针政策。

外汇储备世界第一，是喜也是忧[*]

新中国成立后外汇储备常年处于紧张态势，对外交往捉襟见肘。改革开放以来，存在多年的"外汇荒"逐渐悄无影踪，过分渲染的"外汇灾"似乎隐约浮现。截至 2006 年 2 月底，GDP 只有日本一半的中国的外汇储备达到 8537 亿美元，首次超过日本，位列世界第一。[①]

外汇储备全球第一，是喜。 庞大的外汇储备有利于维护国家和企业的对外声誉，增强境内外对中国改革开放的信心；有利于拓展国际贸易，吸引外商投资，降低国内企业的融资成本；有利于平衡国际收支波动，维护金融体系稳定，应对突发事件，防范和化解金融风险；有利于增进区域乃至国际经济交往与金融合作，合理承担"大国责任"。

中国并不以外汇储备的增长来衡量经济实力的增长。中国外汇储备的来源主要有两类：一是主要来自国际贸易顺差，体现"中国制造"的竞争力，属于债权性质，在一定程度上体现了中国的经济实力；二是主要来自国际投资，尤其是自 2002 年"人民币升值论"兴起后，大量"热钱"以各种方式入境转化为外汇储备，属于债务性质，不能代表中国的经济实力。近年来，债务性储备无论在总量还是增量上都要大于债权性储备，因此外汇储备的激增主要是中国经济进一步开放以及国际游资热赌人民币升值的结果。

外汇储备全球第一，也是忧。 无论从进口支付能力、短期外债偿还能力，还是从外汇储备与 GDP 的比重等诸多传统指标来看，当前中国外汇储

---

  [*] 本文以《外汇储备的喜与忧》为题，刊载于 2006 年 4 月 7 日《人民日报》（海外版）。

  [①] 根据国家外汇管理局官方数据，截至 2014 年 9 月，我国外汇储备为 38877 亿美元。

备已超过"适度规模"。外汇储备过于庞大与持续激增是国际收支失衡的体现，这不仅反映而且还会加剧国内经济失衡，制约货币政策的有效实施，扭曲资源有效配置。中国换汇成本越来越高，不仅投入大量可再生的人力资源，而且还消耗不可再生的自然资源、环境资源以及劳动者的生命健康。中国以"实物商品"换回货币这一"虚拟商品"，然后又将其投入那个对中国充满不信任甚至是怀有敌意的国家，维持其高消费与高赤字，后者对中国的"贴息贷款"（美元资产收益远低于中国引进外资成本）非但不心存感激，而且时而不时地指责中国正利用巨额美元资产进行讹诈。外汇储备市场风险正与日俱增，美元贬值——这一可能性因美国岌岌可危的"双赤字"而不断增加——必将导致美元资产的严重缩水。

"树欲静而风不止。"中国没有刻意追求积累外汇储备，但是外汇储备仍迅速增加。近年来，随着外汇储备的激增，中国不仅早已放弃坚持多年的外汇储备"多多益善"的固有观念与"增收节支"的外汇政策，而且采取一系列新的外汇管理措施，缓解储备增速过快的压力，力争实现国际收支的平衡。这种努力具体反映在贸易顺差对新增外汇储备的贡献率已大幅下降，从 1999 年的 300% 降到 2005 年的 48.7%；2002 年至 2005 年四年间，中国累计实现贸易顺差 1899 亿美元，而同期的外汇储备增额为 6507 亿美元，贡献率仅为 29.2%。

日本、俄罗斯等国经验显示，调整储备货币比重结构、增加黄金及战略物资储备、提前偿还外债、适度规模管理、实施意愿结汇等，是防范外汇储备风险的有效措施。而控制外汇储备激增是解"忧"的另一项重要内容。降低贸易顺差增速、遏制国际游资内流、通过新的外汇管理制度等措施以避免国际收入顺差全部转化为官方外汇储备增量。

中国为什么不愿增持黄金储备？*

"美元陷阱"，这是一个新词，用来形容中国巨额外汇储备都投资到了美元资产上。诺贝尔经济学奖得主、普林斯顿大学教授克鲁格曼首次提出了这个词语，中国著名学者余永定教授也用过这个词语。

克鲁格曼于2009年4月中旬在纽约接受媒体专访时指出，中国在美国投资的最大风险为美元贬值，预计中国遭受的投资损失最终恐达20%—30%。根据美国对外关系委员会研究员塞策（Brad Setser）的说法，中国已经积聚了至少1.5万亿美元的美元资产，人民币对美元汇率30%的变动（这是很可能的）意味着大约4500亿美元的损失，差不多是中国经济的十分之一。

问题的关键在于，保有一种外汇储备，核心是这种储备是否能够花出去。比如，保有美元储备，我们的美元能否和美国人自己的美元一样，在美国购买任意资产。但是，美国不断通过立法，增设部门机构与机制，以国家安全的名义，限制外汇储备富余国购买美国优质资产或先进技术设备。因此，新兴市场与发展中国家在外汇储备不断增加的同时，近乎只能购买美元债券资产。

资料显示，自2004年开始，中国对美国债券的持有一直在高速增长，从2004年到2007年增长了三倍，高达9220亿美元。仅2006年到2007年间，中国对美国债券的持有增长66%。次贷危机没有改变这个趋势。

---

* 本文原以《买黄金储备：国家赚了，部门没赚?》为题，刊载于2009年7月6日《第一财经日报》。

2003 年，为完成一项国家重大课题，笔者有幸"近距离"接触有关高层领导，借机问了一个自认为很简单但是一直困扰的问题："为什么中国不断用外汇储备买美国债券，而不可以购买比如黄金储备？"这位领导回答得很干脆："因为买黄金不赚钱。"笔者更是满怀疑问，想知道为什么不赚钱？但是当时那位领导并没有回答这个进一步的问题。

2005 年，笔者在进行《部门利益对国家重大决策的影响》课题调研，就上面同一个问题与一个金融监管部门的领导交换看法。这位领导回答："买黄金是不赚钱，即使黄金升值了也不好在我们的财务账面上体现。因为黄金的价值在不断变动，即使能在账面上反映出来，在结算时，也会因为储备黄金不好买卖，变得没有了收益。而买美国债券，因为有债息，到期都有收益，尽管按你们学者的看法实际可能是亏损的，但是我们的账面有收益，而且我们买得越多绝对收益就越大，部门绩效也就越大。"

2009 年 4 月，新华社发表了对国家外汇管理局局长的专访，透露自2003 年以来，中国的黄金储备增加了 454 吨，目前已达到 1054 吨。[①] 购买方式是通过国内杂金提纯以及国内市场交易等方式实现的，并不是用外汇购买，而且不是在国际市场购买。但笔者以为，这种购买、增加黄金储备的方式，不仅未能有效分散国家储备风险，而且抬高了国内黄金价格。

这终归还是一个"美元陷阱"问题。目前美国的财政赤字不断扩大，远远超出 3% 的年度警戒线，并已成为世界上最大的净债务国，约占世界GDP 的 10%，以美元作为单一的货币系统，实已出现威胁。

20 世纪 20 年代，当时世界一半以上的外汇储备为法国拥有，但最终以落入"英镑陷阱"的灾难性结局收场。当时管理外汇储备的法兰西银行是一家私营机构，并没有涵盖法国的全部外汇资产。

与当年法国不同的是，中国的外汇储备是对全国近乎所有外汇的集中管理，是改革开放 30 年成就的集中体现。因此，中国更应该避免重蹈法国的覆辙。

---

① 根据中国人民银行官方数据，截至 2013 年 12 月，我国黄金储备共 3389 万盎司。

外资并购争论热络下的冷思考[*]

一段时间以来，有关外资并购引起的国家经济安全受到威胁的争论十分热络，这应是一个好兆头，以众说纷纭替代"一言堂"，以不断争论替代迅速定论，当然是历史的进步。但是其中有些论调似乎是雾里看花，以己昏昏，岂能使人昭昭。

首先，外资并购中国制造业涉及的产业安全问题很重要。相关讨论也并非都是民族情绪的流露，而且即便流露出某些民族情绪，也并非都是不好的。国际经验反复表明，大国在向强国迈进的征程中，必须建立起强大的、相对独立的制造业体系，更何况作为一个具有"鲜明个性"、近代史充满了被欺辱记录的发展中大国，而强大、独立的制造业体系的基础则是重装备制造。这不仅涉及一般经济安全，而且还涉及国防安全——坚实的国防依赖强大的制造业，更关系到国家自主创新战略的实现。因此，徐工并购案不是普通的一般制造业并购案，其所掀起的产业安全问题的讨论无论是象征意义还是实际意义都是深远的。此外，当前无论是发达国家还是发展中国家，经济民族主义出现了抬头趋势，这对中国企业跨出国门、实现全球化战略十分不利。在此情形下，中国国内民族情绪的适当流露，可以增加国际政治与经济博弈之筹码，同时也是对相关部门因部门利益膨胀，或为境外利益集团驱使充当代言而忽视国家利益与安全的一个有效制约。

其次，比制造业安全问题更重要的是金融安全。在国际上，从来没有听说因为制造业安全而导致国家经济和社会动荡的，相反由于金融风险所导致

---

* 本文刊载于 2006 年 9 月 25 日《中国经营报》。

的经济乃至社会危机则屡见不鲜。原因很简单，金融是现代经济的核心，金融虽然难以立国，但是可以强国，可以弱国，还可以亡国。非常遗憾的是，在本次讨论过程中，由于将注意力过多地给了制造业，而忽视了中国金融业本身存在的巨大风险。况且，制造业安全问题不是体系性的，但是中国金融则是在脆弱的基础上正在酝酿整个金融体系性风险，不仅各类银行积重难返，而且证券、保险、基金等问题堆积如山。此外不断飙高的外汇储备面临缩水、人民币汇率机制调整、国际热钱投机炒作等等问题络绎不绝。这些都需要强而有力的监督管理，而我们的监督管理无论在体制、机制、能力以及道德操守上都与能确保金融稳定发展的监督管理相去甚远。

再次，国家整体安全大于局部安全，综合经济安全要大于个别产业安全。一方面，非传统安全已逐渐取代传统安全，成为大国国家安全的主要内容。另一方面，随着对外开放的不断扩大，中国应当以更新的安全观来应对全球化下的经济安全，而要实现"互利、协作、共赢"，则必须有所取舍，不能通吃独占，什么产业都力求安全则最终什么都不安全。因此国家经济安全应追求的是整体安全、综合安全、核心产业安全，而且这些安全的追求还应是动态的。

综观国际经济大势，商业资本驱使产业资本，而金融资本又统领商业资本。具体落实在经济结构中，则是商业物流业控制制造业，而金融业又控制商业物流业。因此，发达国家避实就虚，向外转移制造业，大力发展服务业，美国则通过金融业牢牢占据国际分工的制高点。所以从国际经济秩序与竞争态势来看，金融业仍是全球化下市场经济的核心。金融安全是最核心的安全。全球化下的经济安全当然同样是整体安全与综合安全，因此大国在构建经济安全体系时，必须关注各方安全漏洞，防范"千里之堤，溃于蚁穴"，防范出现安全链条上的最薄弱环节。

当前及未来一段时期，中国经济薄弱环节依照金融资本—商业资本—产业资本之内在逻辑，可大致罗列出主要的经济隐患：信息；自主知识产权；商业物流；装备制造业；矿产资源、粮食食品等安全。这些领域的状况都已相当突出，而且相互作用，这表明中国经济安全已进入高风险时期。因此，如何在"矛盾凸显期"缓解矛盾，抓住"黄金发展期"的难得机遇，是摆在中国人面前的艰难课题。

国际有风险，"出去"需谨慎

现在谈"走出去"的风险，老是盯着海外的投资风险，实际上中国在海外的融资风险也很大。中国不少企业被华尔街忽悠，到美国上市融资，例如几家国有企业融资不到一百亿美元，但随后分红给了人家上千亿美元，收益与成本严重失衡。近几个月来，很多在美国上市的中国私营企业，屡屡被华尔街做空，经济与形象都损失惨重。现在集中分析"走出去"的投资风险：不同的投资主体在不同领域、不同国家的投资，所产生的风险不一。

思维僵化，抱残守缺。中国一直搞"全方位开放"，但是同样的思路，即搞全方位"走出去"，却是不可能的。有些国家就根本进不去，比如美国，应该打消这些幻想，即便进去了也不让你出来，中国称之为"关门打狗"。在美国，中国只能买它的纸张和电子符号——美元和证券资产，其他的若同意卖给中国的，绝对不是什么好东西——如 IBM 的个人电脑部门。

但是，总有一些"美国迷"，痴心不改，总想到美国那里搞点货真价实的东西，似乎"搞定"美国就是实现了价值，不仅要在美国开公司、设工厂，甚至还打算去美国买土地，去美国种地，这些未免过于幼稚，最后都是"赔了夫人又折兵"。当然，积极推动到美国去的相关个人或小团体并不一定吃亏。所以，不要想着全方位"走出去"，那是不可能的，不现实的。有些地方是不可能让中国投资的，而且即便在那里投资，最终的经济成本和社会成本都很高，吃不了，兜着走。

民间超前，政府滞后。中国"走出去"也只是近年来才正式提上政府的议事日程。但是，早在苏联解体后，哈尔滨等东北地区的大批"倒爷"就进入俄罗斯等独联体国家，经过二十年的闯荡，现在这些"倒爷"们多半都成了企业家、老板。捷足先登的民间海外投资已经自觉或不自觉形成了一个网络。

在俄罗斯，因为"一只蚂蚁"大市场的关闭，给很多企业家、经营者造成了损失，中国的媒体一度大肆渲染。但是，我们随后跟相关企业家、经营者交谈，他们说损失是有，能追回来更好，追不回来也算不了什么。因为他们获得的利润丰厚，一年的盈利往往就远远超过可能的损失。反观政府，迄今也不清楚到底有多少中国人、中国企业走了出去，在海外到底干得怎么样？的确，政府在"走出去"管理与保障方面已经相当滞后。

目光短浅，盯着眼前。一些中资企业耍小聪明，在合同中用隐蔽、欺诈方式，努力增加自己所得，忽视对方利益，这是一种短视行为。这种小聪明，只能欺诈一时，时间长了，对方醒悟过来了，就没办法合作了。中国一些私企在东南亚、拉美等地的农业合作项目，后来都失败了，其主要原因就在于此。因为实力薄弱等缘故，中国的私营企业普遍短视，通常只能赢，就在当下，不能亏，实际也亏不起。海外拓展一般三年视为试水极限，一个项目三年内不能盈利，就会放弃。但是，我们的近邻日本与韩国，则很擅长"放长线，钓大鱼"。

印度是一个巨大的、成长迅速的市场，韩国早就瞄准了印度，采取了很多措施来拓展这一新兴市场。在1997年东南亚金融危机之前，韩国就对印度做了大量的投入。由于东南亚金融危机，韩国人就从印度撤回来了。但是，撤回来没多久，韩国便意识到印度市场的巨大价值，如此又组织更大的投入力量。如今，在印度市场，韩国的产品与品牌是第一位的，超过了日本和其他西方的品牌。印度中等资产阶层，甚至是贵族富人都喜欢韩国的产品。中国在印度投入的力度也在不断加大，但是中国在印度几乎都是企业行为，至今还是主要依托韩国品牌来增加销售，如此60%—70%的利润归韩国企业所有。韩国在印度进行长期经营，包括国家形象广告，不是企业做的，是由国家承担的，或由行业协会承担，企业在此基础上进行持续而大胆的资本扩张。

贪大求"扬"，刺激西方。中国的海外投资风险是相当集中的，即集中在少数国家、部分领域和相关企业。中国一些企业对外投资往往比较

"贪"，一口吃个胖子，动辄要求控股，甚至是绝对控股，所有的利润都要拿回来，或开采的资源都要搬回来。

类似情形主要集中在国企。国企在海外投资的数额很大，而且往往很高调，容易引起国际社会尤其是西方的关注，因为中国投资的很多东道国长期以来是西方的"势力范围"，这样国企的高调会造成西方感官冲击，难以接受。如此，中国投资到哪里，西方就会骚扰到哪里。比如，在东南亚，西方通过非政府组织（NGO）的方式进行骚扰，说中国的企业破坏了当地的环境、蔑视工人的权益等。在俄罗斯，某国情报机构一直支持、鼓动俄罗斯学者和媒体，发表批评、诋毁中国的文章，一年竟有一千多篇。

中国在南欧和东欧的投资引起了法国、德国等欧洲主要国家的不满，法、德不满集中在：他们不清楚中国到底在做什么，不知道中国的企业和欧洲一些"边缘国家"到底签订了什么合同，达成什么样的交易，投资了哪些领域。他们怀疑中国是否在落井下石，趁欧债危机时机对欧盟进行渗透。可见，在有些方面，中国需要做到透明或半透明，以免引起不必要的猜测。

步伐紊乱，缺乏协调。走访中国走出去的企业，碰到的第一个问题就是缺钱。其实，中国不差钱，人民币储蓄、外汇储备多得是。但是，关键时刻就是拿不到钱，干瞪眼。再如，在很多国家，只发给中国投资者商务签证，时间短，过期容易被东道国视为非法劳工，因此需要劳务签证，但是中国相关部门在办理劳务签证上长期没有什么有效作为。类似紊乱关键在于缺乏相应协调机制，缺乏类似的部际委员会来解决这个问题。

此外，政府和民间的协调也很重要。民间海外投资远远地走在了政府的前面，政府在这方面的感知多半是从相关驻国使馆得知的。但是，使馆的材料很少是通过对基层调查写的，而且中国对外投资集中在发展中国家，条件差，补助少，使馆人员一般不太愿意下基层调研，因而决策部门获得的信息很有限。

还有一个协调即内外协调，这跟中国现在对外开放"不对等"有关系。中国对西方的开放，远远大于西方对中国的开放。中国"走出去"到西方困难重重，但是西方来中国则如履平地，随便一个企业负责人都可以找到中国很重要的官员"促膝谈心"，而且还可以上媒体头条或电视黄金时段播报。但是，中国的企业到海外去很难享受到这种待遇。这种内外投资"不对等"的情形比比皆是。当中，政府的角色（无论是积极还是消极）都很关键。如某国际知名电信设备制造公司控告中国某个企业窃取了它的先进技术，后来通过相关政府部门协调，最后该国际公司在这方面也就息事宁人了。

单兵突进，保障不足。在金融服务方面一直很滞后，一方面，中国持有的大笔外汇资产在持续大幅度缩水；另一方面，海外投资资产一直紧张。此外，民间海外投资需要完善的金融服务。中国民间在海外有广泛投资，但是所需资金的循环绝大部分不是走银行等相关正规系统，而是走地下钱庄。但是，海外企业家、生意人通过地下钱庄的资金运作的成本比较高，是正规渠道的2—3倍。因此，企业"走出去"、人员"走出去"，迫切需要相关金融机构走出去，为中资企业及相关人员提供一系列的金融服务。

此外，还有关键的信息与保障问题。美国的海外投资到哪里，其中央情报局和军事力量就跟到哪里。日本也是一样，它有一个很强大的情报网络（集中为商社）。各种商业情报和政策情报很重要，往往可一本万利，而中国在这方面的力量至今非常薄弱。不过，军事力量明摆着，比较敏感，但是可以适当"包装"。设想，如果中国在利比亚有类似于美国黑水公司这样的保安公司，中国投资队伍就可以不用撤回来。所以，中国海外投资的服务、信息、安保等全套保障措施还需要大力推进，为中国人、中资企业"走出去"提供保驾护航。

十年一觉世贸梦，好坏利弊众纷纭

中国加入世界贸易组织将市场机制的魔力、国际分工的活力与中国人民吃苦耐劳的潜力、党和政府高效组织的能力相结合，使中国激发出无与伦比的巨大生产力，"中国制造"享誉世界。短短十年间，中国便创造了多个世界第一，不计其数的世界第二和第三，通过"买什么，什么就贵；卖什么，什么就便宜"广泛而深刻地影响、冲击乃至震撼着世界。

但是，中国被激发的是低端生产力，高端生产力则不断受到抑制与削弱，因此在国际分工中，仅仅"赚取一点面包屑而已"。芭比娃娃与 iPad 是两个极富代表意义的"Made in China"，在美国销售的芭比娃娃若以 10 美元计，中国只能拿到 35 美分的加工费；iPad 在美国每台售价 499 美元，中国仅得 9 美元的报酬。由芭比娃娃到 iPad，"中国制造"的代工技术显著升级，但是中国从中所获取的毛收益占整个产品的比价却从 3.5% 下降到 1.8%。

高端生产力可产生"不断涌来的收入潮水浮起了所有的船"，由此逐渐可惠及各行各业、全国全民。但是，中国代工所需的机械设备、技术密集与高附加值产品的生产能力不断削弱，自主创新不断遭遇挫折与打击。一些中国人拿出"阿Q精神"，"在华注册的外资企业就是中国企业，他们的创新就是中国的创新"。这犹如邻家妻子到咱家做客，然后四处张扬那是自己的女人，那肚子里的胎儿也是自己的成果。这应是中国加入世界贸易组织后诞生的一个革命性异质思维。正是高端生产力受到抑制与削弱，如此不断重复"进口，进口，再进口"，贸易条件不断恶化，近乎被固定于"8 亿件衬衫换一架空客"。低端生产的繁荣，不断消耗着中国的优质资源、环境，严重损害中国经济持续、稳定、健康发展的基础。

此后，中国的外贸与外资得到井喷式增长。十年间，中国出口增长了6.3倍，吸引的 FDI 增加近 2 倍，外汇储备增加了 3 万多亿美元，成为世界第一出口大国、第二引资大国、第一外汇储备国，令人欣喜骄傲。但是，中国处于国际分工低端，生产的是资源密集、劳动密集型产品。因此，制造越多，出口越多，外汇储备越多，资源净损耗就越多，所受的国际剥削就越多，财富流失就越多，中国居民持有的人民币便越来越不值钱。当今国际储备货币都是信用货币，早已不再是真金白银，相关国家可以无限制地印刷发行。而且，中国将赚取的外汇持续投入美欧等证券资产，美欧企业、机构以此低廉融资，然后到中国投资获取高额回报。中国陷入了用真实的国民劳动与资源换取虚拟财富、用真金白银交换货币纸张与电子符号的恶性循环。由于产业层次落差与跨国避税或税收优惠，在华外资每增加 1 人就业平均导致2—3 人失业，每增加 1 元税收的背后是 4—5 元税收的流失。

更为严重的是，经济全球化与经济金融化促进了国际金融资本的空前联合。引进境外战略投资者，诱使或驱使国有垄断企业、民营优质企业到海外上市，让国际私人股权资本、投资银行甚或对冲基金等"影子银行"在中国翻云覆雨，如此令部分国民财富流向境外。这是中国人勤劳而不富裕、GDP 巨大而消费疲软的重要原因。

"阿拉伯之春""欧洲之夏"与"美国之秋"一再表明，先富带后富，是个问题。中国富人的道德不比这些国家富人高尚。尽管中国代工厂利润率极低，但是通过规模效应、通过对资源环境的透支，通过"吃祖宗饭，断子孙路"，一部分中国人迅速地发了现世财。但是，"先富一族"利用金融化、信息化的便利，纷纷将自己的财富全球化——转移到境外，如今干脆跑路、移民了事。

盘点中国加入世界贸易组织的十年，中国低端生产力得到极大释放，但关键的高端生产力却未有更大发展。邓小平曾如此概括社会主义的本质："解放生产力，发展生产力，消灭剥削，消除两极分化，最终达到共同富裕。"[①] 这十年，中国经济已经越来越繁荣，但我们离社会主义本质的实现还有多远呢？

———————————

① 《邓小平文选》第三卷，人民出版社 1993 年版，第 373 页。

中国金融的"定向开放"*

次贷危机凸显国际金融体系危机

美国主导的国际金融体系越来越动荡。第二次世界大战后,美国经济实力异常强大,在世界经济中占据绝对优势。美国凭借其实力与优势,建立起覆盖整个资本主义世界的布雷顿森林体系。美国利用这个体系,确立起自己的经济与金融霸权地位。不过,美国通过布雷顿森林体系在获取霸权利益的同时,也相应承担促进世界经济增长、维护国际金融市场稳定的义务。但是,到20世纪70年代初,随着美国经济实力的不断衰落,布雷顿森林体系最终解体。霸权的收益极其巨大,美国当然不肯放弃,但是又不愿承担相应的稳定国际金融市场的义务,国际金融市场由此便越发动荡。而且,随着美国经济结构的改变以及经济金融化的发展,具有严重投机倾向的金融资本(最典型代表就是对冲基金)在美国经济中占据主导地位,这决定了美国非但不会去维护国际金融市场的稳定,而且以本国利益最大化为原则选择不同的经济政策组合,有意或无意地制造国际金融动荡,为金融资本创造投机获利的条件与便利。

国际货币基金组织、世界银行等国际机构是美国主导的世界经济秩序的重要体现与象征。国际货币基金组织长期仰美国人鼻息,唯美国马首是瞻,

* 本文曾以《"魔鬼交易员"丑闻的警示》为题,刊载于《瞭望》新闻周刊 2008 年第 5 期。

充当美国经济与金融霸权的工具。20世纪90年代，国际货币基金组织一意孤行执行美国人设计的"华盛顿共识"，使诸多因陷入短期资金困境的求援国经济雪上加霜，社会经济陷入更为严重的危机。由此"华盛顿共识"逐渐被唾弃，国际货币基金组织备受指责。进入21世纪，新兴市场与诸多发展中国家发展战略得当，经济形势普遍转好，外汇储备快速增加。根据摩根士丹利统计，五年前，各国政府的外汇储备总额为1.9万亿美元，仅够防范金融危机之用。而今，相关外汇储备已高达5.4万亿美元。国际货币基金组织也指出：10年来，发展中国家官方持有的外汇储备几乎翻了两番，2005年达到2.9万亿美元。此外，都普遍建立起区域经济与金融合作机制，危急关头，不再有求于国际货币基金组织与美国。因此，国际货币基金组织对发展中国家的影响力迅速降低，处境极其尴尬，如今累积的对外债权还不到100亿美元，自身生存都成了问题。此外，昔日对国际经济影响一言九鼎的七国集团对全球经济的调节愈发力不从心，"七国集团峰会"也不断需要发展中大国为之背书。这显示美国主导的国际金融秩序面临危机。

信心与诚信是金融体系赖以正常运行的基础与前提。次贷危机是美国主导的国际金融体系的诚信危机。透视次贷危机，贯穿主线即是无处不在的道德风险。从房地产买卖源头数起，贷款机构与房屋抵押贷款申请人之间，贷款机构与监管机构之间，评级机构、投资银行与机构投资者之间，美国金融机构与外国次债购买者之间，充斥着道德风险。金融体系赖以正常运行的互信之前提被严重质疑，金融市场到处弥漫着不信任与信心不足的气氛，次贷危机由此而旷日持久。这显示出国际金融体系的诚信危机。这是继"华盛顿共识"破产、国际货币基金组织处境陷入尴尬境地后，美国主导的国际金融体系与秩序又一次陷入危机的重要象征。因此，美国次贷危机，不仅仅是美国次贷问题引发的信贷危机，是西方金融领域的诚信危机，同时也是美国主导的国际金融体系的危机。

"兴业事件"再现西方金融机构治理问题严重

拉伸历史镜头，可以清晰地看到，以美国为标杆的西方金融机构还存在着严重的治理问题。近十多年来，因操作风险而给西方金融机构带来巨额亏损的事件屡屡发生。1995 年 2 月，英国历史最悠久的巴林银行的新加坡交易员里森因巨额投机，致使巴林银行亏损约 14 亿美元，陷入破产的巴林银行最后被荷兰国际集团以 1 英镑价格收购；1995 年 9 月，日本大和银行纽约分行交易员井口俊英私自进行债券交易，给大和银行造成 11 亿美元损失；1996 年 6 月，日本住友商社交易员滨中泰男长期非法从事铜交易的丑闻曝光。滨中泰男十多年间在未经任何授权的情况下，通过瑞银等经纪商在伦敦金属交易所非法进行铜期货交易，给公司造成 26 亿美元损失；2002 年，爱尔兰第一大银行爱尔兰联合银行在美国分部的交易员鲁斯纳克从事非法外汇交易，使公司蒙受 7.5 亿美元损失；法国兴业银行交易员科维尔一年的违规操作，给兴业银行造成亏损高达 49 亿欧元（约 72 亿美元）。等等。

列举事例都是个别"害群之马"使整个金融机构名利双亏，而且都是美国以外的金融机构出现的治理问题。事实表明，美国金融机构同样也是从末梢腐烂到根基，从事欺诈的不仅是个别"害群之马"，而是涉及金融机构的整个管理团队。2001 年 11 月至 2002 年 4 月，安然、世通等上市公司纷纷暴出惊天丑闻，其中华尔街投资银行扮演着极其不光彩的角色。这些投行为争取生意，不惜为上市公司制假贩假，欺骗投资者。2003 年 4 月，美国金融监管机构与华尔街十大投行达成和解协议，收取 14 亿美元罚金，并勒令其整改。这十大投行分别为：花旗集团索罗门美邦公司，罚款 4 亿美元；瑞士信贷第一波士顿公司和美林投资公司各被罚款 2 亿美元；摩根士丹利添惠被罚 1.25 亿美元；高盛集团被罚 1.1 亿美元；JP 摩根大通、雷曼兄弟公司、贝尔斯登、瑞银华宝各被罚 8000 万美元；美国银行集团被罚 3250 万美元。所谓"和解"，就是不扩大事态，不暴露更为严重的问题，华尔街投行不用交出大量的内部资料，使中小投资者和集团诉讼律师们无法援引资料和判例，从而避免了更多的民事和刑事诉讼，而这些民事和刑事法律活动对投行来说才是最致命的。"和解"足见美国金融监管机构与华尔街投行的沆瀣一气。2005 年 3 月，摩根大通宣布同意世通公司债券投资者的要求，出资 20 亿美元以赔偿其损失。2006 年 3 月至 4 月，美国一对冲基金公司试图操控纽约商品交易所的天然气期货价格，最终使公司损失 64 亿美元。2007 年 8 月，美国最大人寿保险公司保德信金融集团因欺诈交易被罚 6 亿美元。

以上涉及的只是一些典型而已，实际代表的只是以美国为标杆的西方金融机构缺乏道德、疏于治理的"冰山一角"。长期以来，应对内幕交易成为美国证券交易委员会（SEC）的首要任务；对内幕交易行为的调查和诉讼，是 SEC 执法中最为重要的方面。1990 年，美国 SEC 起诉了 38 件内幕交易案件，1991 年则起诉了 36 件内幕交易案件。近年来，查处的案件数量稳定在每年 50 件左右，如 1999 年为 57 件，2003 年为 56 件，2005 年则为 53 件。这些事例清楚地表明，西方金融机构治理结构同样难以适应信息化、电子化、全球化快速发展的需要，严谨的治理神话早就破灭了。

中国金融的"定向开放"

相当长一段时期以来，无论是出于自身动力，还是来自外在压力，中国的金融开放目标就是与国际金融体系接轨。如此，便有了"引进境外战略投资者"作为中国金融机构"走上现代化"、与国际接轨"进入全球化""增强国际竞争力"的选择。

当初设计者向政府与大众解释，"选择境外战略投资者，改变单一的股权结构，实现投资主体多元化，是转变国有商业银行公司治理行为的催化剂"。"引进外资的股份，不完全是为了资本金的，更重要的是要带来一个很好的合作效益和合力效益，这个合力的效益就是能够更好地推动中国银行业的改革，更好地提升中国银行业的国际竞争能力。"如今，"引进境外战略投资者"的壮举已三个年头了，国人似乎并没有感受到当初设计者向政府与大众所竭力展示的几大不可替代的好处：有利于改善中资金融机构的治理结构；强化中资金融机构的经营约束机制；获得先进的产品和技术。相反，感觉到的是这些所谓"战略投资"大都是在短期内获得巨额收益。

美国银行得意地声称，该行在中国投资所带来的收益，远远超出次贷危机造成的损失。2005 年，美国银行投资 30 亿美元获得中国建行 8.5% 股权及一项以很低价格将持股比例提至 19.9% 的选择权。2007 年 11 月，美国银行首席财务官表示："从账面上看，我们的潜在获利超过了 300 亿美元。"随着次贷危机的不断恶化，德意志银行评估，全球金融领域因相关证券投资的损失可能高达 3000 亿美元。可以估算，西方金融机构在次贷上所招致的损失，几乎可以在战略投资中部分抵补。值得深思。

监管好外资是宏观调控成功的关键[*]

近年来的宏观调控实践证明，外资业已成为影响中国经济的重要变量，中央的宏观调控如果忽视外资，不监管好外资，那么肯定不会有显著成效，甚至可能招致失败。而且过往的经验表明，每实行一次"从紧"政策，都给在华外资提供一次扩张机遇。

"从紧"调控为外资扩张提供机遇

改革开放以来，中国的经济总量年均增长 9.7％。近年来，中国每年吸引外商直接投资基本都在 600 多亿美元，成为全球最受欢迎的投资目的地之一。到 2007 年年中，累计吸收外商直接投资超过 7500 亿美元。2006 年，全国外商投资企业出口占全国出口总量的 58％，纳税占全国的 21％，直接就业人数超过 2800 万，占全国城镇劳动就业人口的比重超过 10％。实践证明，外资不仅弥补了国内建设资金的不足，而且在推动经济增长，加速工业化进度，引进先进技术和管理经验，扩大出口，增加税收，创造就业，培养人才，乃至推动中国经济体制完善和创新方面都发挥了重要作用。

但是，随着在华地位的不断巩固与提高，行业控制力与政策游说力不断增强，外资对中国经济的影响也越来越大，负面效应越来越突出，呈现出尾大不掉态势，在中国境内形成了一个又一个的游离于中国政府监管之外的

---

* 本文以《监管好外资是宏观调控成功的关键》为题，刊载于《中国经济评论·产权市场》2008 年第 1 期。

"经济飞地"。这些"经济飞地"依照国际分工配置资源、组织生产加工，使用的是国际资本、国际技术与国际销售渠道，普遍利用转移定价等多种手段转移利润。而且外资凭借其强大经济实力与影响力，将诸多中资企业纳入其生产、供应链，根据其自身需要，通过资金、技术、销售等，对中资企业实施或松或紧的控制，从而使诸多中资企业成为其附庸。中国所期待的"技术溢出"与"财富渗漏"效应微弱。诸多地方开发区早就成了外资的"独立王国"。一些地方政府甚至规定，外资老板可以不受交通法规的制约、医院看病享受半价、子女随便选择学校、出入娱乐场所不受公安机关检查等等。

为抑制房地产市场泡沫膨胀，自2004年开始，中央政府实施以紧缩银根与地根为主的宏观调控。但是，外资凭借其强大的经济实力，以及独特与优越的法人地位，向本土房地产公司提供包括融资在内的各类金融服务。高盛、花旗、华平投资等国际顶级公司，直接或间接进入内地的房地产市场，中国房地产价格由此居高不下且不断上涨，宏观调控政策因此落空，严重损伤中国政府的威信。外资金融机构在中国的自由度，实际远远高于中国加入世界贸易组织的开放承诺，远远超出中国金融监管机构所监管的范围。如高盛名义上是投资银行，实际上早就成为全球最大的对冲基金。高盛进入中国后，掌握许多场外交易，而且完全不为监管机构所知。当年亚洲金融危机中，高盛在泰国就进行大量场外交易来做空泰铢，触发泰国危机爆发。

中资企业，尤其是中资国有企业与大中型优质民营企业，是中资银行主要放贷对象，"从紧"的货币政策约束了中资企业正常的渠道融资。一些具有良好经济收益前景的投资项目，要么被搁置，要么被迫转向非正常融资渠道，如"地下金融"。这不但增加了企业融资成本，助长了金融腐败，而且活跃了地下经济。过往的经验表明，每实行一次"从紧"政策，都给在华外资提供一次扩张机遇。

"境内经济论"为外资扩张提供理论支撑

在华外资扩张在一些人来看，没有什么大不了，而且是好事。如此，"外资""民资"和"国资"三分天下，中国经济就会更加健康稳定。更有人认为，先进的、国际化的外资接管落后的中资企业，外资银行与金融机构全面接管问题重重的中资银行与金融机构，可使中国经济更有活力。

支持外资在华自由扩张这一主张的理论依据是：经济全球化下，"民族经济"观已经落后，而应当用"境内经济"取代"民族经济"，即凡是在中国境内的经济，都为中国经济增长作出了贡献，为中国的税收、就业作出了贡献，就应当看作中国经济的一部分，甚至是最积极的部分。正是在这一思想指导下，我们的地方政府打出"不求所有，但求所在"的旗号，纷纷效仿"苏州模式"，给予外资"超国民待遇"，不仅轻徭薄赋，而且在土地、环保、劳动纠纷等各方面大开绿灯，更有甚者，为彰显政绩，大肆展开"冲向底部"（Run to Bottom）的恶性竞争，给外资的优惠条件已经超出了经济领域。

其实，以"境内经济"取代"民族经济"并非一些中国经济学者的发明。早在20世纪80年代，一帮从美国学成归来的拉丁美洲学者与官员就在鼓吹以"境内经济"取代"民族经济"，全面推行投资、贸易与金融自由化。阿根廷就是一个典型案例。第二次世界大战后，阿根廷庇隆主义政党长期执政，强调保护民族利益实行进口替代政策，有力推动了国有企业和民族工业的发展，科技和工业制造进步很快，甚至能够生产喷气飞机和建造核电站。20世纪70年代阿根廷生活水平接近欧洲的西班牙，社会福利和医疗保障居拉美前列。20世纪70年代中期阿根廷爆发军事政变后，新政府废除了市场保护政策。进入20世纪80年代，阿根廷加快了从发展民族经济转向自由经济的步伐，全面推行贸易、投资的自由化，彻底融入全球化进程，因此一度被美国官方褒奖为改革楷模。阿根廷私有化浪潮盛行之时，从银行、发电站到大油田、矿山，从港口、码头到飞机场、火车站，外资几乎接管了阿根廷所有的重要竞争性和战略性行业。随着外资在阿根廷经济中的比重越来越高，阿根廷经济开始走向动荡，最终跌入了金融危机的深渊难以自拔。阿根廷以"境内经济"取代"民族经济"，在拉丁美洲并非唯一，巴西、乌拉圭、秘鲁、危地马拉、玻利维亚等国都出现过亲美派主导的大规模以"境内经济"取代"民族经济"的自由化运动，因此都程度不一地落入金融危机的泥潭，巨额国民财富被"蒸发"，金融危机迅速酿成经济危机、社会危机以及政治危机，反私有化、反全球化力量由此迅速壮大，拉美政权由此出现集体"左"转。拉美教训表明：以"境内经济"取代"民族经济"的荒谬与彻底失败，如今拉美对新自由主义危害的清算还没有结束。

很显然，外资经济除了创造靓丽的 GDP 数字外，其对东道国的实效越来越低，因为它要拿走关键的利润。谋取高额利润乃至暴利，是资本的本性。为获取暴利，外资必然要趋向控制与垄断。当在东道国取得控制与垄断地位后，资本的本性决定其必然要为所欲为，提高资本聚敛财富的效率。因此，必须对利用外资做好监管工作。

揭霸权画皮

| JIEBAQUANHUAPI |

领略美国思维的力量*

据《菊与刀》一书作者的考究，日本有招女婿"倒插门"的传统，称"婿养子"，"婿养子"可以成为岳父的继承人，但是必须转移户籍，更换姓氏，时时处处捍卫岳父家的利益，为岳父竭力而战，拼死卖命。必要时，为了证明自己的"情义"，即使杀死自己的亲生父亲也在所不惜。

一些海外华人、日本"婿养子"的变异，以及一些中国人对这一现象的误读，清晰地映射出东方人迥然不同的思维方式。这也许就是当今中国"柿油派"宣扬的所谓"异质思维"。这种异质思维，中国从古到今，还真是源源不绝，得到很好的传承。隔江犹唱后庭花，是秦淮营生歌女的异质思维；直把杭州作汴州，是南宋苟安官僚的异质思维；宁给友邦，不与家奴，是慈禧老佛爷的异质思维；曲线救国，则是汪精卫的异质思维。当然，中国这些传统异质思维，跟今天全球化时代的异质思维相比较，可谓小巫见大巫。市场换技术；越开放越安全；救美国就等于救中国；对美国、美债的信心比黄金还贵；凡是外国在华注册的企业都是中资企业，他们的创新就是中国的创新，他们的成就就是中国的成就……诸如此类，都是我们新时代的"大放光彩"的异质思维。

不过，在我们一方面感叹一些中国人思维异质的同时，另一方面也不得不佩服美国思维同质力量的强大。大和是一个十分倔强的民族，在日美太平洋战争中，一些美国精英一度认为，日本人无药可医，必须全部毁灭。但

---

* 本文以《为何不少国人向着美国》为题，刊载于 2011 年 9 月 1 日《环球时报》，有删改。

是，美国军队的日本裔表现神勇，抓获第一个日本俘虏酒卷直男的美国大兵，就是一个名叫阿比留的日本第二代。在美国黑手党那里，都深植国家利益的思维，关键时刻也不会出卖自己的国家利益。

关键的同质思维，是美国强大的很好体现。美国人搞强权、霸权，绝对不是浪得虚名。美国的人基本做法是，必须把自己不好的掩饰起来，如美国开国元勋们都是普通人，很多也劣迹斑斑，但是美国通过一系列努力将其粉饰成为伟人，而且像对待《圣经》一样不容置疑；用放大镜和显微镜来彰显美国的各种美好，并以此编织"美国梦"（一组精神产品包装）施展迷幻术，旧梦破了再编新的。

当我们在关注美国强大军事、科技等"硬实力"的同时，不要忽视美国善于利用他国异质思维而实现同质化的强大"软实力"，这种实力的神力在于，它能够让一部分中国人，津津为中国说话，实实为美国办事。

美中博弈，以虚击实[*]

　　随着经济金融化、全球化的发展，美国经济愈发空心化、虚拟化，华盛顿与华尔街愈发倚重美元及美元资本，玩转世界，获取收益，过着寄生生活。多年来，美国利用虚拟经济，渗透、控制中国实体经济，稀释、劫掠中国财富，向中国转移风险、转嫁危机。中国金融边疆防备空虚，漏洞百出，或将成为被袭击、被扳倒的薄弱环节。

虚拟经济的大玩家

　　经济金融化、全球化导致美国经济空心化，虚拟经济超过实体经济，制造业在国民经济中的比重只有10%多一点，金融服务业却在40%以上。国民经济呈现明显的"倒金字塔"结构，头重脚轻。在美国经济增长构成要素中，私人消费的贡献独占2/3以上，而私人消费越来越倚重借贷与信用，依赖虚拟。美国经济日趋虚拟化，但是国民消费、政府开支乃至整个国家运行一时都离不开真实物资、实体经济。于是，在世界范围内，以虚换实，以虚击实，以虚控实，成为华盛顿与华尔街的共利与共识。

　　美国善于弄虚远胜过作实。1776年《独立宣言》发布后，为应对英国镇压，第二次大陆会议决定建立军队。当时的大陆会议还没有征税权力，因此新大陆的精英们实施"金融创新"，通过发行信用券来募集资金。这些信用券后来被规定为法定货币，称为"财政部钞票"或"大陆币"（第一次被

---

　　* 本文以《美中博弈，以虚击实》为题，刊载于《世界知识》2012年第4期。

称作 dollar）。这可以说是美国（国家政权）第一次利用虚拟手法为国家服务。"大陆币"发行之初为 1 美元钞票兑换 1 元银制硬币，1777 年年初为 2∶1，1780 年为 75∶1，独立战争结束时，"大陆币"近乎成为废纸。1781 年 8 月，停止流通，按面值的 1% 转换成美国国库券。直到今天，美国的俚语中仍保留了一句俗语，"像大陆币一样不值一文"。可以说，美国就是从虚拟起家、发家，于建国伊始就通过金融工具、虚拟手法来盘剥大众。

金融工具、虚拟手法不仅为美国独立，同时也为美国建设作出了巨大贡献。穿越阿巴拉契亚山脉的运河的开凿，横贯大陆东西部的铁路的修筑，将美国推向世界经济强国的第二次工业革命，无一不是得到金融业的强大"助推"。卡尔·马克思曾如此总结："假如必须等待积累使某些单个资本增长到能够修建铁路的程度，那么恐怕直到今天世界上还没有铁路。但是，集中通过股份公司转瞬之间就把这件事完成了。"①

世界商业界都将诚信视作生命，金融业也曾有自己的道德底线。但是，在美国金融、虚拟经济发展过程中，作为核心主体的华尔街，却逐渐抛弃了理应被视为生命的道德底线。这是因为，为独立战争而发行"大陆币"一开始就为美国社会做了一个极坏的示范：只要目标"正当合法"（完全可以由自己界定），可以不择手段。这或许也是世界金融家选择美国作为投机天堂、选择纽约作为新金融中心的重要原因。1836 年，美国第二国民银行的特许经营被终止，在"自由银行制度"的催生下，"野猫银行"② 无处不在，金融欺诈无时不有。像高盛之类的投资银行，投机乐园的后来居上者，从它们诞生的那一刻起，就因各类金融欺诈而官司缠身。就连美国证监会顾问、纳斯达克前主席，都能干出惊天的"庞氏骗局"③，这就是骇人听闻的麦道夫金融诈骗，其涉案金额高达 600 多亿美元，持续时间超过 20 年。

---

① 《马克思恩格斯文集》第五卷，人民出版社 2009 年版，第 724 页。

② 指在有野猫出入的偏远地开设、故意逃避顾客用其自身发行的银行券兑现铸币或黄金的业务的银行。

③ 1919 年，一个叫作查尔斯·庞齐（Charles Ponzi）的美籍意大利裔投机商，策划一个利用新投资人的钱来向老投资者于短期内支付高额回报，以制造赚钱的假象进而骗取更多投资的骗局。

用虚拟经济玩转世界

华尔街在本土制造了"大萧条",引发美国社会进而引发华盛顿的强烈反弹,力量远远超出今天的"占领华尔街",这就是"罗斯福新政"。"新政"最鲜明的特征就是向金融资本宣战,给国民启蒙,给华尔街戴枷("格拉斯—斯蒂格尔法案"等),增强投资者维权意识,强化金融监管。如此逼迫华尔街祸水外流,这样便有了玩转世界。

在国际舞台上,华尔街的商业利益与华盛顿的政治利益有时有着明显的交集,如此世人就可以明显感受到来自美国近乎可以摧毁一切的政商合流的强大力量。《纽约时报》专栏作家、畅销书《世界是平的》的作者弗里德曼于1996年在其专栏如是评论:"我们生活在两个超级大国的世界里,一个是美国,一个是穆迪。美国可以用炸弹摧毁一个国家,穆迪可以用债券降级毁灭一个国家;有时候,两者的力量说不上谁更大。"

犹如美国独立战争发行"大陆币",美国玩弄虚拟经济也是紧紧抓住货币这一核心,进行演绎操作。通过强势美元政策,高估美元币值,直接盘剥世界。第二次世界大战之后,美国积累了高达2万吨的黄金储备,占资本主义世界黄金储备的74.5%。凭借雄厚的黄金后盾,美国建立起以美元为中心的金汇兑本位制,这就是布雷顿森林体系。该体系规定,美元与黄金挂钩,其他国家货币与美元挂钩,美国依照1盎司黄金兑换35美元的比价,兑换体系内各国央行手中持有的美元。

但是,1∶35的比价是1936年美国、英国、法国在签订《三边货币协议》所确立的标准。此后国际保护主义盛行,金本位制崩溃,非凡的战争景气,美国出现了持续通胀,导致1盎司黄金实际兑换超过42美元,而布雷顿协定依然规定1∶35,显然抬高了美元价值。如此,在往后的经贸交往中,美国赢得十分有利的贸易条件,源源不断地无偿占有他国财富,输出通胀。

或是因为美国经济学家制造的理论蒙昧,或是迫于美国的淫威,绝大多数国家选择了无奈地接受。但是,向来具有民族自主性的法国人,不断站出来揭示蒙昧与挑战权威。法国经济学家雅克·吕夫称美国享受着"不流泪的赤字"，戴高乐总统更是直接咒骂"美元是强盗"。布雷顿森林体系最后走向崩溃。

然而，讽刺而诡异的是，虽然黄金在这场博弈中取得了绝对胜利，但是被美国驱赶出货币王国，而失去黄金限制的美元成为"合法的伪钞"。在美国强大的"硬实力"（经济军事）、"软实力"（思想文化科技）的支撑下，美国持续地印刷纸币、发行电子货币，经由华尔街的系列操作，赢得了对世界巧取豪夺的实力，这就是所谓"巧实力"。长期以来。美国通过这种"巧实力"，源源不绝地劫掠世界资源、财富，同时将风险、动荡、危机转嫁给世界。正是这种"巧实力"，创造了美国70%以上的国民生产总值。由此显示，美国是一个严重的"寄生"的国家，一个没有挂帝国之名的帝国主义。

用虚拟经济扳倒中国

20世纪70年代末，中国向西方打开了国门。"流氓先生"向"老实学生"第一时间就送了一套理论——比较优势，指示中国在国际分工中，要充分发挥廉价劳力、廉价资源、廉价环境的优势，生产价廉物美的代工产品。而美国居于国际分工高端，提供市场，提供钞票。这就是被一些专家、官员渲染得如童话一般的"中美相互依赖"。美国可以无限量印刷、无成本发行货币，但是中国的廉价劳力、资源、环境有限。中国以实实在在的"中国制造"与美国一文不值的无限美元相交换，以有限供给来满足美国无限需求。

出售"中国制造"的中国境内企业得到美元，结汇给中国人民银行，人民银行发行人民币购置美元。如此，中国的货币发行越来越多地被外汇占款替代，货币主权（一国最重要的经济主权）不断遭受侵蚀，经济政策越来越缺乏自主。为减少巨额人民币投放对中国经济的直接冲击，人民银行实施对冲操作，发行央票，提高准备金。问题是，外资企业、引进外资的企业不受丝毫影响，而中资企业的银根不断紧缩，很多中资企业要么被迫走向地下钱庄而陷入高利贷牢笼，要么因流动性不足而关门歇业。美元资本乘机大肆并购，收购中国各类产业与金融股权，收购金矿、煤矿、高速公路、自来水设施等各类资产。

再看中国积攒的外汇储备，2011年年终达到3.2万亿美元，中国持有的巨额虚拟资产，在美元不断贬值中持续缩水，像暖春的冰雪一样，每天都在融化。而美国机构投资者间接得到中国的外汇资金，拿到中国实现资本增值，直接或通过掮客购买中国生产企业、金融机构的股权，并分走巨额财富。例如：摩根士丹利和高盛分别以3500万美元投资平安保险11年共获得了9.7亿美元的回报，但中国用因此增加的外汇储备——3500万美元购买持有美国国债，11年获得大约2000万美元的收益。

美国玩转中国，并未到此为止。美国利用中国对美国的"不对称依赖"，不断通过"对话"，要求中国配合美国的各类经济与货币政策。

近年来，美国为拯救各类机构，提振国民经济，实施"量化宽松"，由此极可能导致流动性泛滥，提高本土通胀，损害国民福利。但是，关键时刻，中国提升利率、汇率及准备金率，将美国过剩的流动性一举承揽过来。如此，我们看到，美国挽救危机拼命印钱，却无通胀之忧；中国本远离危机，最终却落得资产和商品的双重通胀。显然，中国在协助美国摆脱主权债务危机的时候，自己却陷入了主权债权危机。

中国由计划经济走向市场经济，在经济市场化、金融化、资本化过程中——如土地使用权的转移、自然资源的开发、国有企业股权的出卖等等——伴随巨大的资产增值与财富释放。在这一近乎史无前例的资产增值与财富释放过程中，国民福利与国家财富部分被"暗物质"所吞噬：一部分转化给相关利益集团，一部分因为深度参与国际分工而补贴给世界，还有一部分则被美元资本所稀释、转移。

中国经济以实体经济为主，是众所周知的"世界工厂"，因此由人民币计价的资产，本应最保值、最有价值。但是，人民币购买力不断缩水，相较30年前缩水90%以上。美国市场销售的"中国制造"价格往往远远低于本土销售的"中国制造"价格。因此，中美之间的"经济交往""经济合作"，是美国用美元为代表的虚拟经济稀释、控制中国以制造业为代表的实体经济，是以持续消耗中国的人力、物力、财力以及损害中国国民福利为代价。

金融是"第二国防"。苏联溃败，败在戈尔巴乔夫接受了美国人的建议，拆除金融边防，实施汇率改革。时下，美国高调"重返东亚"，可以从陆上、海上甚至天上对中国发动袭击，中国不用惧怕。但是，美国完全可以避实就虚，静悄悄地从虚拟世界中来，从突破金融边防开始。危者斯言，不可不察！

从"唱空中国"到"做空中国"[*]

  近来，西方大媒体、大机构、大学者纷纷发布报道、报告或撰文，表达一个共同的而清晰的主题，那就是中国经济快不行了，要出问题了。在西方联合唱空中国的同时，华尔街机构静悄悄做空"中国概念股"，使诸多中国在美国上市企业遭遇惨重损失，有的甚至强令摘牌或被迫退市。

  国际货币基金组织发布报告指出，中国大陆和香港的信贷膨胀和资产价格涨势令人不安，由此形成的信贷与资产泡沫最终会破灭。政府若不及时采取行动，势必将为未来的硬着陆埋下隐患。国际评级机构惠誉公司表示，信贷规模急剧扩大、房地产价格大幅上涨以及通货膨胀压力都在加剧中国金融风险，未来3年，中国银行系统资产质量很可能因为地方政府的融资平台和房地产坏账而出现极其严重的恶化，因此将中国主权评级展望从"稳定"调为"负面"。

  有"末日博士"之称的美国纽约大学教授鲁比尼认为，中国到处充斥实物资本、基础设施和不动产方面的过度投资，由此导致巨大产能过剩与银行不良贷款问题。中国在制造业、房地产和基础设施方面早已饱和，若继续沿着投资拉动经济增长之路走下去，必将使这些领域过剩进一步恶化。历史上，所有过度投资的国家都会以一场金融危机或长期低增长谢幕。鲁比尼断言，中国或将在2013年后遭遇硬着陆。^①

<hr>

  * 本文刊载于《世界知识》2011年第4期。
  ① 2013年过去了，年终回首，倒吸口凉气。2013年6月的"钱荒"实际多半是"做空"的结果，经济金融界各路"预言大师"近乎都是有备而来，幸亏中国政府没有"按规矩出牌"，否则经济肯定会出现"硬着陆"。

　　论述中国"好日子到头了"的理由还有：贫富差距加大不仅威胁中国的社会稳定，而且还会不断加剧中国的金融风险。《华尔街日报》载文分析，中国的富人们拥有数万亿美元资产，富人们经济移民持续不断，此外，未来会随着人民币停止升值或美联储加息而出现向海外转移资产的浪潮。英国《金融时报》刊文认为，快速老龄化人口与不断上涨的工资，意味着中国通货膨胀上升，经济增长放缓，中国用不了多久将面临"明斯基时刻"（即资产价值崩溃时刻），中国经济"大拐点即将到来"。

　　自东欧剧变、苏联解体以来，西方社会唱空中国——"中国崩溃论"，总是与"中国威胁论"周期性交替出现。在这一过程中，中国经济非但没有崩溃，而且越来越繁荣昌盛，如此令唱空中国者屡屡踏空。

　　与昔日更大不同的是，这次西方不仅在唱，而且在做，即做空"中国概念股"。如此，不仅使中国蒙受很大的声誉损害，更主要的是让中国遭遇严重的经济损失。近年来，华尔街利用中国资本市场机制性缺陷、利用中国企业崇洋心态与急功近利心理，纷纷鼓动中国优质企业到海外（主要是美国）资本市场上市。据不完全统计，截至 2010 年，中国企业海外上市超过 500 家，其中将近一半落在纽交所与纳斯达克，融资数百亿美元。

　　中国优质企业到境外上市融资，有着负面因素。其一，商业机密的安全难以确保，上市企业要经由美国投行、会计师与律师事务所等机构全方位、全过程服务。其二，财富流失，迄今中国国有企业向海外投资者派发的红利，是其融资收益十多倍以上。其三，在美国上市的私营企业绝大多数是优质网络或 IT 企业，中国在相关领域本身大大落后美国，这些企业在美国上市，越来越多地受美国投资者与监管者的影响，如此在中美网络市场与国家竞争中，中国处于严重不利地位。其四，中国相关企业资产定价权与竞争力，甚至是生死予夺，操纵在华尔街投资家或投机客手里。华尔街有机会拿捏或定向、定时、定点打击中国企业、相关行业甚至是宏观经济。唱空中国经济、做空中国企业只是中美大博弈的开始，中国若不高度警惕与周全应对，未来定会被动。

美国评级机构的猖狂与疯狂[*]

新一年开始不到两个月，标普、惠誉和穆迪三大评级机构对欧洲多国评级都进行了调降。显然，在欧元区摆脱债务危机的路上，评级机构是一个绕不过去的绊脚石。评级机构的职能原本是帮助发现风险，指示投资方向。但是，多年来世人见到的是，三大机构非但不能及时有效发现风险，还屡屡制造或加剧危机。一言定生死，一语乱城邦。国际金融因此动荡不安，世界经济因此乌烟瘴气。问题是，三大机构一错再错，却不承担任何责任，也没有丝毫的歉疚与反省。反而变本加厉，把错误坚持到底，把私利彰显到底，把疯狂进行到底。

三大评级机构猖狂，实乃有恃无恐，关键是得到了华盛顿、华尔街——当今最有力量的政府与市场的鼎力支撑。三大评级机构早就抛弃了它们所标榜的"科学、公正、客观"的神话，成了华尔街投机抢劫、谋取商业利益的面具，成了华盛顿维护美国经济强权、获取政治利益的工具，成了美国国内政治博弈与集团斗争的道具。

世界三大基本要素——信息、能量、物质——相互影响，相互转换。评级机构通过在某一特定时间、场合发布报告，冲击、影响市场，有备的投机者坐收渔利，极好地演绎了"信息、能量、物质"三态的转换。评级机构其实只是华尔街以投机为核心的金融利益集团一分子，例如作为最大评级机构穆迪的主要股东同时又是大客户，就有巴菲特的伯克希尔·哈撒韦公司、

---

* 本文曾以《撕掉三大评级机构的政治面具》为题，刊载于 2012 年 2 月 23 日《环球时报》。

花旗、高盛等。高盛协助原希腊政府在加入欧元区时掺杂使假，其信息可以提供给评级机构，然后选择适当时机，做空希腊债券，做空欧元。最后由评级机构一声大喊——"暴风雨就要来啦！"希腊便应声倒地，欧债危机便由此爆发。华尔街的巨额利润多半都是通过投机而来，评级机构只是华尔街投机抢劫的一种面具。

2011年8月，标普竟然吃了熊心，吞了豹胆，降低了美国主权信用评级。据报道，索罗斯再次"先知先觉"，利用这一时机，数日间便狂赚十亿美元。世界哗然，美国震惊。执政的民主党与奥巴马政府立即呛声，誓言追查问责。但是，在野的共和党借机向民主党发难，指责奥巴马团队执政无能，治理无方，丢掉维持了94年的AAA评级。共和党显然在为标普圆场、撑腰。其实，个中原委也很简单，共和党与华尔街的同盟早就是公开秘密，在美国政治日趋僵化、极化的情势下，利用华尔街来否定、敲打民主党非常合乎逻辑。如此，评级机构也悄然成为美国国内政党政治博弈与集团利益斗争的道具。

实际上，标普拿掉美国AAA评级，只是对事实的一种确认，因为市场早就不再把美国国债视为零风险。但是，美国失去AAA评级，仍将对国际评级乃至国际金融产生深远影响。美国若真的是失去AAA（穆迪、惠誉没有调降表明美国尚没有丧失AAA），则意味着整个世界至少是经济大国不再会有AAA。道理简单，就是要在世界可投资的证券资产的一筐烂苹果中，确保美元资产保持最不烂的色泽，如此无可替代，依旧是世界投资者的必然选择。美元以及美元主导的国际货币体系是美国的核心利益。美国利用国际主导地位，无限印刷、发行美元，然后利用"美联储—华尔街—各国央行"这一系统发动美元国际环流，将一文不值的美元输送给世界，给美国带回世界优质的商品与服务，实现对世界的寄生。评级机构就是美元国际环流这一系统装置的一类重要工具。2008年次贷危机爆发以来，美元出现三轮暴跌行情，都是以欧元贬值为拐点实现反弹。而欧元贬值发生在欧债危机出现与恶化之时，这个时点正是评级机构所创造的。很显然，评级机构成了美国经济强权的工具。

对于评级机构的面具、道具、工具的本质及其危害，国际社会的认知越来越清晰，韩国、印度等亚洲国家正不断采取、完善措施进行防范；欧盟也不断使出各种招式进行反击，有舆论的、政策的，甚至立法的。面对美国评级机构的猖狂与疯狂，中央一而再、再而三指示，积极扶植民族评级企业，掌控评级主导权与金融话语权。相关部门应立即拿出实际行动来。

美国投行危害中国安全[*]

以高盛为代表的投资银行，是美国金融霸权的一大工具。这一国际金融市场的幽灵不仅在美国次贷危机、希腊债务危机等金融风潮中时隐时现，而且越来越多地出没于新兴市场，尤其是中国。自 1994 年以来，高盛在中国市场积极布局，翻云覆雨，不仅赚取巨额垄断利润、控制主导中国的相关产业，而且误导我国政府与企业经济决策，涉嫌危害中国经济安全。

玩弄金钱与权力的"旋转门"

与其他同行相比，高盛是中国市场的姗姗来迟者。日本野村证券 1973 年就开始拓展中国金融和投资业务。摩根大通 1980 年就在北京设立了代表处。高盛 1984 年在中国香港设亚太地区总部，1994 年才分别在北京和上海开设代表处，正式进驻中国内地市场。但是，高盛进入中国市场后，迅速创造令国内外同行羡慕不已的众多"第一"，甚至"唯一"。高盛将大量的时间、精力还有资金用于在华公关，像在本土一样娴熟玩弄起金钱与权力的"旋转门"。

2007 年，高盛税前收入第一次有超过一半来自美国以外地区，而中国是高盛收入增长最快的市场。和在美国本土市场一样，高盛在中国的作为充满了神秘色彩，令人质疑。中国市场的透明度不太高，本来设想应是跨国资本的最大障碍。但是，高盛通过本土化战略，"不透明"反而给了高盛更多

* 本文刊载于 2010 年 8 月 5 日《环球时报》。

"保护色"与"拓展空间"。

精心布局中国市场

钻法律漏洞进入中国证券市场。2004年12月，高盛高华证券有限责任公司成立，恰逢其时地在一轮牛市开始之前介入了中国证券市场。根据《外资参股证券公司设立规则》（2002年颁布）的规定：境外股东持股比例或在外资参股证券公司中拥有的权益比例，累计不得超过1/3。高盛名义拥有合资公司33%股权，高华拥有67%股权。但是高华是由高盛借款1亿美元组建的，另一出资人只是扮演"掩护"角色。

以隐形渠道进入中国房地产市场。2003年以来，国际炒作人民币币值低估，施压人民币升值一浪高过一浪，大量热钱由此纷纷涌向中国，房地产是热钱栖身的重要领域。擅长投机的高盛当然不会坐失良机，先后买入或注资多个地产项目。

通过并购农产品加工企业进入中国农产品市场。高盛拥有我国国内两家巨型肉类加工企业以及成熟的销售渠道和品牌，并向上游养殖业进军。高盛斥资数亿美元，在中国生猪养殖的重点地区一口气全资收购了十余家专业养猪场。以高盛为代表的国际资本渗透的不仅是中国养殖业的整条产业链，更涉及中国农业上下游各个领域。另外，德意志集团已经注资某肉类集团，这样中国三大肉类加工企业均被外资染指，业内人士担心，继中国大豆与豆油后，生猪养殖与猪肉正在成为外资的盘中餐，由此引发的食品与粮食（集中于玉米）安全隐患不容忽视。

通过对国有骨干企业债券主承销等渠道，掌握中国重要行业的商业及战略信息。美国大型投资银行的研究能力惊人，信息采集、处理、分析的能力超乎想象，对于经济资讯的处理能力远远超过一个普通国家的水平。在高盛等境外机构的游说下，中国大型骨干企业纷纷于海外上市、引进战略投资或海外并购。而企业海外融资必须请外资中介服务机构（包括投资咨询、审计、评级等）进行全面、彻底的家底盘查。凡是经过外资中介机构"周密服务"的，近乎都无秘密可言。

高盛因为在全球金融市场的突出地位，在中国大型骨干企业走出去过程中一直扮演关键角色。石油、电信、金融、汽车、大众传媒、医药等行业高盛都有染指，而且无一例外都是龙头骨干企业。更值得关注的是，高盛还担任一些地方政府的经济顾问，多次在大型全球债务发售交易中担任顾问及主承销商。近年来，高盛对中国经济的预测与国家统计局等相关部门事后发表的报告数据，经常出现惊人的一致，有时连小数点后数字都分毫不差。

吹捧中国，也误导中国

在相关媒体追捧以及相关重要人士的偏爱下，高盛在中国金融界拥有极大声望，高盛也不断利用这种声望积极谋取利益。高盛一直善于以中国最习惯、最受用的方式表达自己的利益诉求。2001 年，高盛发表了题为《全球需要更好的经济之砖》的报告，即将巴西、俄罗斯、印度和中国四国的英文起首字母组合起来为 BRICs（译称"金砖四国"）。2003 年，高盛在《与 BRICs 一起梦想：通往 2050 年的道路》的全球经济报告中预言，如果不出意外的话，中国可能会在 2015 年赶超日本，在 2039 年超过美国成为世界第一经济大国。

这个自成立以来就丑闻不断、官司不时缠身的金融大鳄对中国的大肆吹捧，一方面是炒作公关的需要，另一方面不仅有自己的私利，而且还有配合美国对华政策的需要。美国布鲁金斯学会外交政策研究所高级研究员黄靖博士认为，吹捧中国是要中国承担更多的国际责任。

除了吹捧，高盛及其分析师针对中国宏微观经济不断发表报告与评论，影响相关部门决策，尤其是高盛的一些报告明显存在误导中国决策嫌疑，如人民币应一次性大幅升值，资本项目应尽快开放，"港股直通车"有利于解决流动性过剩问题，热钱对中国不是大问题等。高盛在华行为，早已远远超出一个普通商业机构的一般商业行为。

中美之争，争什么？

多年来，所谓"中美关系大局"越来越清晰地揭示，更多的是中国"一头热"，更多的是中国谦让、退让、忍让。而美国得寸进尺，得尺进丈，要打压、遏制中国，不断压缩中国的底线。历史早就证明，以斗争求团结和谐，则和谐存，以妥协求和谐，则和谐亡。自古以来，好战必亡，忘战必危。中国应丢掉幻想，准备斗争。但是，中美之争，争什么？

一要争气。在美国不断肆意欺压、我不断忍让退让下，中国网络上充满了义愤填膺的青年志士，这是笔者理解的"愤青"。透视今日"愤青"，与当年"好男儿"有更多的神似，过去大吼一声"与小鬼子拼了"，今日发出一贴，大不了与"美帝"拼了，与"带路党"拼了。与美国斗争，斗智斗勇，少斗气。少斗气不是根本不斗气，要斗志气、勇气，而不是怨气、怒气。

二要争利。与西方斗，不可或少讲"仁、义、礼、智、信"，他们的文化与基因中没有这些。他们的血液中，浸透的是"丛林法则""弱肉强食"、是"契约交易"。我们一些"外交家"总是期待我们在今日"投之以桃"，他们应当于明天"报之以李"。我们致力于营造"全天候"的朋友、"海内知己"，而他们信奉"国家没有永久的朋友，也没有永久的敌人，只有永久的利益"，奉行"敌人赢得尊敬，盟友终将抛弃"。因此，中国应当对君子以君子，对小人以小人，对流氓以阿飞。对西方，对美国，就是要理直气壮，斤斤计较，寸利不让，让则交易，贯彻"国家利益极大化"。

三要争制。近来，不少国际问题专家在发表高见，称中国已是世界第二大国，依照一些国际机构预测，在不久的将来，即将成为第一大国，如此与美国争夺交椅势在必行。因此，与美国争夺话语权甚至是国际规则制定权在所不辞，理所当然。笔者认为，这种想法是幼稚而且是危险的。首先，是概念与论据的错误，GDP 第二，不等于经济第二，经济第二不等于国力第二。中国经过六十多年的发展，可以说做大了，但是远没有做强，只是块头增大，但没有肌肉强壮，更没有智力强健。在羽翼未丰，尤其是智力未健的情势下，贸然与美国直接对决，只能是逞匹夫之勇，一时之快。当年苏美争霸，日本说不。过去是"你打你的，我打我的"，今天应当"你搞你的，我搞我的"。不正面相撞，美国就没有与中国决裂、决战的口实。

四要争势。争气势、争大势。美国将自己的模式、价值观、意识形态当成"终极版"、搞"终极论"，显示美国已经将自己置于绝境，当然无势可言。金融危机下，美国经济危机、社会危机、政治危机相互激荡，已经被折腾得灰头土脸，过去凌人气势不再，盛极必衰，美国无法逃过"往复之环"。新兴市场群体性崛起，西方国家集体性衰落，世界多极化大势所趋，美国无法抗衡这一"进步之箭"。中国现代化建设成就举世瞩目，但是，中国应当以"过程论"看待自己的成就，目前所取得的成就只是民族复兴的开始。因此，应以百倍谦逊态势，呈现在广大发展中国家面前；以不卑不亢态势，伫立于发达国家面前；以"人不犯我，我不犯人；人若犯我，我必犯人"①的"有礼、有利、有节"的态势，展现在美国面前。

中美博弈如日月争辉煌，似朝阳与夕阳较短长。美国虽是灿烂夺目的晴天朗日，霞光万丈，但夕阳无限好，只是近黄昏。中国则是喷薄欲出的东升旭日，时势在中国这边。

---

① 《毛泽东选集》第二卷，人民出版社 1991 年版，第 590 页。

别太把美国当回事

2005 年 5 月，文莱、智利、新西兰、新加坡"四小"协议发起"跨太平洋伙伴关系协议"（TPP），签订并生效经贸协议。2008 年 2 月，庞大的美国宣布加入。此后，美国便拿着 TPP 在亚太四处兜售，与中国有着紧密经贸往来的韩国与日本先后宣布加入谈判。2011 年正是在美国将 TPP 风生水起的情形下，中国开始诚惶诚恐加以应对。笔者一连参加了好几个有关中国是否加入 TPP 的研讨会，与会的外经方面的专家纷纷表示，中国应当积极参与 TPP 构建进程，否则会有被美国主导的区域自由贸易孤立的危险。

与会专家政策取向的指导思想是，中美关系很重要，或第一重要，甚或唯一重要；外贸对中国经济很重要，或第一重要。其理论基础不外是西方教科书所阐述的"外贸是经济增长的发动机"；中国要促进经济增长，就必须高度倚重外贸；当今世界美国经济最发达、实力最强大、市场规模最广大，中国发展外贸当然要倚重美国，以及正由美国主导构建的 TPP。笔者认为，中国别把 TPP 当回事，也别太把美国当回事。

"9·11"事件后，美国专心致志"反恐""固霸"，中国抓住机遇，发展自己。十年间，美国把生产力搞成江河日下，而把债务搞到天高，国家搞到破产边缘；中国名义上成为世界第二经济大国，成为美国最大债权国。十年后的今天，美国幡然醒悟，抽身中东中亚，高调重返亚太，以牵制与遏制中国崛起。美国主导 TPP 构建，旨在"完全开放，完全零关税"，奉行高标准、严要求，声势夺人。其实，美方的如意算盘是以 TPP 设局，投棋布子，请中国入瓮，向选民示好。

在战略上，中国若屈从，美国则会打掉中国产业结构升级之梦，由此钉

142

死在国际分工低端，国家崛起失去强大而坚实的经济基础；中国若不从，美国将中国与周边贸易伙伴，尤其是多年经营的"中国与东盟自由贸易区"（10+1）拦腰截断。因此，TPP可以看成是美国为遏制中国崛起而做下的一个局。

在战术上，TPP可以作为奥巴马政府呈现给选民的一个重要概念，"兑现"他当选后振兴经济的许诺，即在5年内实现外贸翻番，借以促进美国经济增长，增加就业。因此，TPP可以看成是奥巴马为续掌白宫宝座而做下的一个局。

高明的棋手都清楚，在棋局中，想要赢得主动，就不能老是跟随对手，而设法让对手跟随自己。中美博弈，中国要力争主动。中国对TPP采取的态度与立场，根本上要取决于中国的国家战略：经济增长—民生改善—社会发展—民族崛起—国家强盛，依次递进，经济增长是手段，民生改善、社会发展、民族崛起和国家强盛是层次不同的目标，经济增长要服从、服务于国家战略目标。

对一个经济大国而言，贸易只是促进经济增长的一类手段，在促进经济增长进而增加就业上，与投资、消费相比，还是最不重要的手段。"贸易是经济增长的发动机"的论调并不靠谱。尽管贸易（应是净出口）能提高GDP，但是常识告诉我们，GDP不能科学表述一国的经济增长，一国经济增长不等于财富创造，与民生改善、社会发展、民族复兴和国家强盛的战略目标有很大的距离。

而且，贸易有好坏，取决于贸易条件。条件有利或日益改善的贸易是"好的贸易"；相反，条件不利甚至日趋恶化的贸易，则是"坏的贸易"。具体而言，出口高端产品、高附加值的贸易是"好的贸易"；出口低端产品、低附加值尤其是资源环境密集产品的贸易则是"坏的贸易"。长期以来，中国贸易条件是"总体停滞，局部恶化"，出口低附加值产品，"8亿件衬衫换一架空客"是生动而真实的写照。因此，中国的贸易尽管促进了GDP的提高，但是总体上仍是"坏的贸易"。如此，中国的出口越多，实际资源消耗越多，环境损害越大，净财富流失越严重，经济结构越发失衡，对相关发达的贸易伙伴依赖也就越严重，国民经济调整的代价也就越大。因此，中国依赖外贸促进增长的指导思想亟待改弦更张。

美国以"贸易创造效应"拉相关国家入伙，以"贸易转移效应"来胁迫中国入局。问题是，美国市场完全成熟，对于停留在国际分工低端的中国而言，潜力近乎用尽。因为科技创新动力逐年丧失、技术工人队伍逐年瓦解、企业家精神逐年颓废，所以美国经济自主增长的力量明显减弱，奥巴马政府的主导经济政策就是依赖外贸来促进经济增长，缓解失业压力。而出口的主要努力方向是东亚，集中于中国。中国是当今世界成长最快、潜力最大的市场，正在取代美国而成为世界最大的市场，世界产品特别是周边国家产品，越来越依赖中国市场以实现"最惊险的一跃"。没有哪个致力于"以外贸促进经济增长"的国家可以漠视中国市场，中国市场正犹如一个巨大的磁石吸引着各路外贸与外资。这是一个实力、引力不断增强的战略力量，一个无与伦比的博弈筹码，而且这个筹码分量、战略力量将随着中国经济社会持续、稳定、健康发展而不断增强。因此，罔顾中国市场潜力而高估美国市场实力，可能成为误导中国急切加入 TPP 的另一重要原因。

实际上，美国在短期内很难建成 TPP，即便在短期内出现所谓"贸易转移效应"也并不可怕，因为这有利于倒逼中国下更大决心、更大气力去调整经济结构，转变经济增长方式。

中美博弈，中国需要做的是：稳住阵脚，冷静观察，洞悉美国设局，同时力避涉外部门利益误导，坚定走自己的路，让美国忙乎去吧！

次贷危机是美国霸权危机*

风乍起，吹皱一池春水。美国的金融飓风掀起的滔天巨浪，不仅掀翻了世界的几叶金融扁舟，而且重创了美国诸多金融航母。作为金融资本主义图腾的五大投资银行一夜间蒸发，或破产，或并购，或转业。昔日威风凛凛、不可一世的华尔街，如今已是哀鸿遍野、疮痍满目。当贵为"华尔街的国王"、身高1.86米的保尔森，给众议院议长佩罗茜下跪以请求尽快通过7000亿美元的金融援救法案时，不知那些往日叱咤风云的银行家们情何以堪？次贷危机是华尔街的危机，是美国人的道德危机，是美国金融资本主义危机，也是美国的霸权危机。

美国霸权的支柱

美国维护全球霸权屈指数来有四大支柱或手段。

第一是军事。拥有强大的军事力量，尤其是强大的海军，形成压倒性的军事威慑能力。这是近代历史上霸权国家实现与维护霸权的首选手段。其目的在于：以武力征服落后地区，拓展殖民地，使之成为原料产地与商品销售市场；威吓对象国开放市场，遵循单方面施加的市场规则；保护霸权国的海外产权与投资收益，维护海上重要通道的航行安全。美国当然也不例外，长期以来，美国于世界耀武扬威，不断扩张国防预算。美国的经济总量相当于紧随其后的三个国家的经济总量之和，但年度国防预算比紧随其后的十四个

---

* 本文刊载于《北京城市学院学报》2008年第6期，有删节。

国家的年度国防预算总和还要多，目前有海外军事基地 374 个，分布在 140 多个国家和地区，驻军 30 万人。

第二是科技。掌握先进的科学技术，保持科技领先优势。先进科技是保障军事霸主地位的重要前提，是维护美国军事实力独步世界的关键，也是确保美国在国际分工中始终占据有利地位以获得巨额垄断利益的手段。为此，美国一方面不断吸纳世界最优秀人才，不断通过各种途径获得世界最先进的科研成果，不断鼓励、促进科技创新，另一方面想方设法（如高新技术产品的出口管制等）使竞争对手在科技上处于落后状态。

第三是金融。金融是现代经济的核心，是国家间进行经济竞争的核心，也是一国经济安全的核心。在经济全球化与经济金融化的态势下，美国经济越来越依赖金融服务业，在国民经济中，美国制造业比例不断下降，金融业的比例迅速上升，如今分别在 15% 与 50% 左右，是个地地道道的金融资本主义。美国拥有世界上最强大的金融机构、最完善的金融体系与最发达的金融市场，作为国际金融中心，纽约集中了世界投资资金总量的三分之二，是国际金融资源的配置中心，由此构筑起整个资本主义经济体系，世界各国都依赖华尔街进行融资与投资。金融不仅为美国霸权提供了经济基础，而且本身也成为美国霸权的重要手段。

第四是规则。在经济全球化的大势下，经济利益日益成为霸权国家及其同盟努力攫取与维护的最主要利益。因此，美国将主导的国际秩序，转化为决定国际商品与服务的"贸易条件"的经济规则，并从这些经济规则中直接"兑换"经济利益，远比在市场中进行企业与个人、商品与服务之间的竞争所获得的利益来得更多更大，同时也更容易、更隐蔽。当然，"规则"的运用不是独立的，总是依附于特定的科技商品与金融服务，由此产生一系列的"经济秩序"与"制度安排"。

次贷危机重挫了美国的硬实力

由次贷危机恶化而成的金融危机是美国"百年一遇"的经济大危机，美国的经济专家与学者纷纷将次贷危机与 20 世纪 30 年代的"经济大萧条"

类比。如此广泛与深刻的金融危机，不仅重创美国的金融服务业，而且必然严重损伤美国的实体经济。因为美国的经济金融化程度世界最深，众多金融巨头本身就是一个庞大的资本集团，旗下有众多的经济实体，倾巢之下岂有完卵；实体经济中，中小企业依赖金融机构融资，巨型与大型企业依赖金融机构并购，如今诸多金融中介自顾不暇，企业的融资与并购活动当然受阻；金融危机持续恶化，严重挫伤投资者与消费者的信心以及投资与消费能力，投资与消费因此持续萎缩，必然伤害美国的经济活力。

高盛、摩根士丹利、美林、雷曼兄弟与贝尔斯登五大投资银行，叱咤国际金融风云半个多世纪，不仅为它们的股东与职业经理们谋取了巨额收益，而且也为美国赢得了卓著的声誉，为美国的经济霸权立下了汗马功劳，是华尔街经济活力与美国金融权力的象征。如今，作为金融资本主义图腾的五大投资银行一夜间蒸发，或破产（如贝尔斯登、雷曼兄弟），或并购（如美林），或转业（如高盛与摩根士丹利）。美国的金融业势必要退缩到以存贷为基础的商业银行传统经营模式，而这是欧洲大陆与日本金融业的竞争优势所在。而且日本的金融机构经过 20 多年磨剑砥砺，趁次贷危机飓风，大举进军华尔街，收购身陷困境的美国金融机构的投行业务，改变了华尔街的金融版图。未来，美国金融业如何与欧日金融业进行竞争与抗衡，难以预料。此外，新兴市场与石油输出国的主权财富基金已经成为国际金融的一股重要力量。次贷危机前，美国主导的国际金融竭力排斥这一金融力量，努力使之边缘化；次贷危机后，这股"异己"力量竟然也被美国视为"活命钱"。因此，国际金融格局将进行自布雷顿森林体系诞生后的最大调整，此消彼长实属必然。

相较不断增加的金融坏账，政府投入的 7000 亿美元可能是杯水车薪。但是，7000 亿美元的金融救援计划，使美国国债达到 11.3 万亿美元，与美国的国内生产总值相当，巨额财政赤字使美国经济更难保持平稳健康发展。次贷危机爆发以来，美联储不断向金融系统注资，以缓解流动性紧缺。这一天量资金，带来的必将是通货膨胀，美元资产随之会严重缩水。当前，美元对欧元等主要货币不断走强，这并非是美国经济在基本面要好于欧洲经济，而是欧洲经济比美国经济更坏，投资者只有在数个烂苹果中进行选择，美元资产只是少烂一点而已。次贷危机仍深不见底，美国经济放缓、衰退几成定局，美元的贬值难以避免。尤其值得关注的是，随着美元实际价值不断降低，海湾的沙特阿拉伯、阿联酋、卡塔尔、巴林和科威特等五个生产与输出石油的国家正计划统一货币，转变石油计价与结算方式。布雷顿森林体系崩溃、美元与黄金脱钩后，美元的国际货币地位很大程度上是与"黑金"（石油）挂钩实现的。未来美元若真与"黑金"脱钩，对美元来说无疑是一场"革命性挑战"，美国的大难就要临头了。当然，为美元唱起安魂曲的恐怕不只是海湾五国，俄罗斯早已谋定后动。

科技创新是美国生产力进步的重要动力，也是美国高居国际分工"金字塔"顶端、分享国际最优厚利润的重要前提，是美国领先世界各国的重要依托。但是，随着美国经济的虚拟化，科技创新也越来越转向虚拟经济——服务领域。虚实结合的互联网经济的繁荣应当是美国科技创新大转折的重要体现。互联网泡沫破灭后，在现代产业领域很难看到美国的重大创新，由此而继续引领世界产业的发展趋势。相反，美国在金融领域的创新如火如荼，设计、制造、流转大量金融衍生产品。这些产品连美国金融监管者以及诸多金融行家里手都不甚清楚其结构与功能，但是凭借美国在科技创新上一贯的神话与光环，世界争相购买持有。熟知美国的科技创新已走火入魔，他们创造了"大规模金融杀伤武器"（巴菲特语），由此不仅杀伤了美国，也杀伤了世界，杀伤了世界对美国的信心、敬仰与无限神话。

次贷危机削弱了美国的软实力

美国霸权的软实力表现在多个方面，例如，基于硬实力而形成的对国际秩序的主导能力，制定、解释与修改国际规则的能力，美国文化、价值观、意识形态的渗透与影响能力等等。这些软实力反过来影响与强化美国的硬实力，硬软实力相互补充、相互影响，构成美国霸权的坚实基础。次贷危机不仅重挫了美国的硬实力，也大大削弱了美国的软实力。

美国随心所欲制定、解释与修改国际金融领域里的规则的能力将不复存在。布雷顿森林体系就是美国精心设计与推行的规则，由此确立起美元主导地位与美国经济霸权。当这个体系不能很好地满足美国经济霸权需要的时候，美国毅然废弃了这个体系。此后，美国在它主导的国际秩序中制定了一系列金融新规则，其中最典型的当数"新自由主义"与"华盛顿共识"。在这一旗号下，美国极力推行金融自由化，以便其极具竞争力的金融机构能够长驱直入开放国家的金融市场，把开放国家卷入国际资本大循环，华尔街由此便可以坐享其利，获取垄断收益。正因如此，美国对自由经济的推销不遗余力，对自由经济的捍卫与维护也不遗余力。1997年国际金融大鳄狙击香港时，特区政府进行迎头痛击，以捍卫香港经济的稳定与繁荣，美国政界、商界与学界一拥而上，口诛之，笔伐之，污言秽语于美国各大媒体俯拾皆是，那情那景依旧历历在目。

当"华盛顿共识"因为拉美金融危机与东南亚金融危机而变得越发臭名昭彰的时候，美国依然不断向国际社会鼓吹、推销经济自由主义，但是美国市场保护主义越来越兴盛，政府对经济的干预越来越频繁。次贷危机爆发后，美国政府对金融经济的接管与干预毫不含糊，而且出手力度不仅在美国史上前所未有，而且在资本主义发展史上恐怕前所未有。美国的双重标准昭然若揭，而且美国将这种双重标准发挥到极致。美国有学者甚至认为，凯恩斯主义的出现甚至意味着社会主义已经在美国复活，经济自由主义的丧钟已经敲响。实际上，美国根本没有什么普世的道德观、价值观，美国所一贯秉持的就是实用主义，在国内是垄断资本利益至上，在国际则是国家利益至上。

次贷危机爆发后，诸多有关会计欺诈、内幕交易等违规行为不断被媒体曝光。除了相关各州、证券交易委员会（SEC）等监管机构进行相关调查外，美国联邦调查局（FBI）也强力介入，由此显示美国的金融体系存在着广泛的道德风险。由于金融创新可以分散风险，放贷机构因此肆意放贷，根本不在乎借款人是否能够偿还贷款，因此有了"零文件""零首付"的放贷条件。在房产不断升值的诱惑下，在抵押贷款公司极其优惠与便利的放贷鼓励下，购房者（借款人）往往提供不实资料来骗取贷款。华尔街银行从放贷机构那里取得抵押贷款后，精心包装，以次充好，衍生成各种"有担保的债务权证"（CDO），然后出售给各类投资者，转移风险。信用评级机构"付钱给级，钱多级高"，众多低质高险资产得了高等级标号，以光鲜亮丽的外表呈现在债券市场上。银行、基金等投资机构的经理们为了眼前业绩，进行高风险高收益的投机赌博，很少对购买的次债进行风险对冲，使得风险暴露严重。监管机构也存在着道德风险：次贷泡沫本身就是美联储以超低利率刺激经济而一手造成的；美联储像 1998 年救助长期资本管理公司一样，出手拯救贝尔斯登等机构，显然会助长金融机构的道德风险；美联储是个有"私人身份"的特殊的中央银行，是华尔街利益的代表者，因此倾向于华尔街的金融决策在所难免。次贷危机将美国金融机构与经济精英的贪婪、美国监管者严重疏于管理等种种劣迹暴露于光天化日，华尔街机构破败，金融信誉破产。

"美国制造"的神话业已破灭。美国舆论一度将"中国制造"刻画为低值、廉价，甚至是假冒、伪劣的代名词。"美国制造"则是金字招牌，是"高精尖"的代名词，是"梦幻"的再现。次贷危机显示，美国不仅能制造世界顶级的"大规模核子杀伤武器"，也能制造"大规模金融杀伤武器"。透视美国次贷危机，再联系国际石油、粮食等大宗商品价格危机，不难得出结论，美国是地地道道的国际金融动荡制造者。

次贷危机是美国道德危机*

2007 年美国次贷风暴乍起，一时间金融市场云谲波诡，世界经济阴霾笼罩。这场在当今资本主义核心酝酿而后爆发的金融危机，与其被渲染为经济金融化、金融全球化的危机，不如说是美国式资本主义的危机，是被视为资本主义核心价值与市场经济基础的"诚信"危机。透视这场金融风暴，道德风险遍及金融市场每一个角落。长期以来，美国一直以富裕文明、自由民主笑傲于世界，指点于世界。然而，透过次贷危机，世人惊异地发现，文明的美国竟是如此"缺德"！次贷危机是美国的诚信危机，是美国的道德危机。

道德风险贯穿美国整个金融系统

次贷危机爆发后，诸多有关会计欺诈、内幕交易等违规行为不断被媒体曝光。2008 年年初，美国联邦调查局（FBI）开始对 14 家公司在次级抵押贷款中可能存在违规行为展开调查。2 月，调查对象涉及房屋建造商、贷款机构、信用评级机构与银行。3 月，又开始对全美最大的抵押贷款银行美国国家金融服务公司（Countrywide Financial）涉嫌欺诈展开调查。由 FBI 来介入次贷调查，而且美国财政部已向国会提交两百多页的金融改革计划，尤其是集中于金融监管领域，由此显示甚至包括美国金融监管在内，美国的金融体系存在着广泛的道德风险问题。

---

* 本文刊载于《国有资产管理》2008 年第 11 期。

放贷机构的道德风险。在美国，个人贷款者是向抵押贷款公司而不是直接向银行申请抵押贷款。抵押贷款公司可以通过证券化将抵押贷款出售给商业银行或者投资银行，从而将次贷风险转移给金融市场的投资者。由于存在这种"转嫁"关系，抵押贷款公司可以在基本不承担信用风险的同时，获得较高的收益，从而进一步刺激了放贷的冲动，乃至肆意放贷，根本不在乎借款人的还款能力。与优质贷款人的固定利率、较低的贷款利息等贷款条件相比，次级按揭贷款要付出更高的利息，贷款的利率也在两年后进行重置，进行"随行就市"的浮动。放贷机构可以从次级按揭贷款中获得比带给优级按揭贷款更高的收益，因此有了"零文件""零首付"的放贷条件。2004年后，次贷数量激增，在整个抵押贷款中的比例迅速上升。在次贷危机爆发前，次贷占整个美国的按揭贷款发放总量比例高达近50%，金融风险由此迅速累积。

购房者的道德风险。在房地产不断升值的诱惑下，在抵押贷款公司极其优惠与便利的放贷鼓励下，购房者（借款人）当然存在购房冲动。依照"劣币驱逐良币"效应，越是信用不足的人，越是积极从事房贷申请。作为借款人，其目的在于如何以最有利的条件、最低的利率，或按其所要求的最长还款期、最大的贷款额度获得住房贷款。为达到这一目的，借款人会故意隐藏不利于实现其目的的信息，或者是通过向放贷机构提供虚假的信息来骗取贷款。2006年后，屡屡出现伪造收入证明等文件获得次贷的现象。且不说抵押贷款公司本身存在道德风险，即便依照正常程序操作的机构，由于所拥有的人力、物力、财力的局限，抵押贷款公司就无法准确地调查、计算居民实际收入水平。在贷款发放以后，住房金融机构也因为自己的能力有限，而难以对借款人的贷款使用情况、收入变动情况进行有效的监督检查。

华尔街银行的道德风险。华尔街银行（包括商业银行与投资银行）从抵押贷款公司购入抵押贷款后，将抵押贷款重新精心包装，经评级机构评定后，形成各种"有担保的债务权证"（CDO），然后再出售给各类投资者。因为包装销售可以以次充好，比正常的"抵押担保证券"（MBS）有更大的赢利空间，因此推销得更加卖力，售价也会更低。由于包装推销者与购买者之间的信息不对称，不断博弈的结果必然是所谓的"逆向选择"：次债驱逐优债，金融市场由此也就充斥着次贷债券。

信用评级机构的道德风险。 2001 年至 2002 年，美国出现了一系列大公司财务丑闻，已经暴露出评级机构与会计师事务所存在着严重的道德风险。此次次贷危机再次暴露出美国信用评级机构的不清不白。信用评级机构的道德风险表现在：一是不懂装懂。次贷衍生产品的复杂性非一般专业人士可以了如指掌，由于薪酬等原因，评级机构的高端金融人才相对于投资银行要少得多，难以及时、细致地了解各类金融衍生产品的属性。二是评级机构只能用建立在历史数据（而且更新周期较长）之上的计量模型来推算新产品的违约概率，一旦房价、利率等数据发生变化，模型原有的假设条件就不复存在了。三是利益驱动，付钱给级，钱多级高。四是考虑其他业务往来，往往睁一只眼闭一只眼。由此，众多低质高险产品通过信用评级公司的评级获得了 AAA 的高等级标号，以光鲜亮丽的外表呈现在债券市场上。信息不对称使次贷衍生产品的投资人对评级机构有相当高的依赖度。2007 年 7 月，几家著名的国际评级公司下调了美国的 1000 多只按揭贷款抵押债权的评级，在国际金融市场进行的美国次贷债券的"击鼓传花"因鼓声停止而应声爆发金融危机。

投资机构的道德风险。 购买持有次贷债券的有各类银行、基金，尤其是对冲基金。英国《金融时报》报道，许多对冲基金很早就认识到，被整合进 CDO 产品的那些贷款和证券多数质量是很糟的。但是，在高收益的驱使下，依旧大量购入持有，而且很多头寸并没有作对冲处理，与"对冲基金"名不副实。其实，对冲基金早就成了赌博基金了，原因很简单，对冲基金经理只是代理人，真正投资人（委托人）并不清楚代理人的职业操守。很多基金经理的年薪在几百万乃至上千万美元，正常工作数年即可终身享乐。因此，对冲基金经理为了眼前业绩，往往倾向"过把瘾就死"，不是自己死，而是令基金公司死，由此进行投机赌博的动机一直存在。在这场次贷危机中，那些做空次贷债券的对冲基金大发横财，高盛就是其中之一。

监管机构的道德风险。 监管机构的道德风险有两类：一是监管行为引发的道德风险。1998 年美联储（Fed）对长期资本管理公司的救助引发广泛批评，批评者称这将引致严重的道德风险。这次对贝尔斯登的救助，也超出了美联储传统承诺的救助范围。像救助长期资本管理公司的动机一样，美联储担心贝尔斯登的破产会产生"多米诺骨牌"效应。但是，毫无疑问，美联储这种实质上为次贷危机埋单的行为也会助长金融机构的道德风险，即金融机构将来可能会恃美联储的救助而更加无视风险。拯救使那些不顾风险放贷的金融机构不顾实力硬要买房的借款人得不到应有的惩罚，也就无从得到应有的教训。而真正受到惩罚的，是普通的纳税人与循规蹈矩的金融机构；二是自身存在道德风险。美联储是个有"私人身份"的特殊的中央银行，是华尔街利益的代表者，因此倾向于华尔街的金融决策在所难免。美国次贷泡沫本身就是美联储一手造成的。为了挽救"9·11"事件和"新经济"泡沫破灭造成的经济衰退的局面，从2001年1月起连续13次降息，以50年仅见的低利率造就了一个50年仅见的房市大泡沫。另一个重要的金融监管机构——美国证券交易委员会（SEC）不断与金融违规违法者达成"和解"协议，个中缘由只有当事人才真正清楚。设想，如果SEC、Fed等金融监管机构能秉公执法，监管行之有效，那也就无须FBI来介入次贷调查了。

美国国家的道德风险

FBI介入了次贷调查，如果由此推断FBI扮演着最后公正角色，那就大错特错了。FBI的介入是保证美国国家利益的最大化，以纠正普遍存在的道德风险对美国国家利益造成伤害。国际有报道披露，美国决策层早就预料到次贷危机的爆发，并为应对这场危机做了最好的准备。此次危机，震中在美国，但是美国金融市场相对稳定，道琼斯股指从14000高点下跌至12500低点，跌幅只有10%。相反，远离震中的亚洲新兴市场损失惨重，中国A股从6000高点暴跌至3400点，跌幅超过40%，约12万亿的财富被蒸发。

长期以来，美国就是个寅吃卯粮的国家，过度消费成为该国的重要社会特征。美国家庭负债额从1978年的1.1万亿美元飙升到2000年的7万亿美元，2007年更达13.8万亿美元，而同年美国国内总债务（不包括金融部门）高达31.2万亿美元。美国的巨额债务已经超出其偿还能力，从而超出了美联储货币政策的调节能力。美国财政赤字巨大，财政政策刺激的余地很小，仅为国内生产总值的1%，布什政府的一揽子刺激计划已证明了这一点。因此，美国借次贷危机推进美元贬值，美元贬值不仅可以转嫁和化解危机，刺激美国经济增长，而且助推通胀以减少美国各类债务，只要通胀在美国人尚可承受的范围内。

国际社会应当记得，美国曾经通过科技创新创造了一个"新经济"神话，美国利用了全世界的资金，为美国孵化出一大批高质量的高科技公司，从而为美国经济注入了活力，为美国人赚取了巨额财富。"新经济"泡沫破灭后，美国并没有多大损失，被套的是全世界的投资者。如今，美国通过金融创新创造了一个怪物——"金融大规模杀伤性武器"（投资大师沃伦·巴菲特语），使美国人住上了房子（居民住房的自有率从1995年的64%上升到2006年的69%），使美国的金融寡头们赚得盆满钵满，却把金融动荡甩给了世界，把风险转嫁给世界。此次危机有间歇性特征，就在新一波风潮来临之际，美国财政部十分迅速地通过了中国中信对美国第五大投行贝尔斯登的投资，着实令市场与中方感到十分意外，因为这与美国的一贯市场保护作风差异太大。然而，没有几天，贝尔斯登就宣布陷入困境，中国中信险入陷阱。当然，美国的金融创新不只是创造次贷债券这样一个金融怪物，而是打开了金融"潘多拉匣子"。

国际金融持续动荡且日益加剧，与美国的金融创新以分散风险（实质是转嫁危机）紧密相关。在国际金融日趋动荡的态势下，新兴市场以及其他不断扩大对外开放的发展中国家维护金融稳定、实现经济持续增长的任务更加艰巨、形势更加严峻。而美国的金融资本与金融寡头则不断利用美国在国际金融领域的主导权，通过在各类金融产品、资源型商品、粮食等市场上兴风作浪，轻松地"分享"发展中国家与新兴市场的增长红利。国际金融动荡是当今美国经济与金融霸权的必然结果。美国经济与金融霸权需要国际金融动荡，依赖国际金融动荡。在美国主导的世界政治经济秩序下，国际金融注定要动荡。当美国舆论拼命鼓噪当心"中国制造"的时候，世界则应当心美国的"金融创新"，当心美国的国家道德风险。

看中国奋起

| KANZHONGGUOFENQI |

摆脱对美国的经济依附[*]

近些年来，"相互依赖"一词被频繁地用来描述中美关系，并被一些中国学者不断延伸：中美之间你中有我，我中有你；互利共赢，战略合作。其实，中美之间是一种严重的不对称依赖，即中国对美国形成了市场、技术、品牌、营销渠道，甚或金融、人才、秩序、思想理论等全方位依赖，这种失衡的依赖，给予美国一种可以不断敲打与讹诈中国的权力。

正是中国对美国的某种程度依附，中国在对外（至少经济）政策上日趋被动，国家主权、民族利益、大众福祉持续受到损害。美国可以利用各种方式刁难、敲打、讹诈中国，在反倾销与反补贴、人民币汇率、知识产权、劳工标准、市场开放等多个方面，中国动辄得咎。如今，美国不仅在经济领域持续向中国转移风险、转嫁危机，而且在政治、社会、文化、思想乃至军事等多方面近乎全力挤压中国，不断穿越中国的底线。

如何打破这种危险的平衡，摆脱这种严重的不对称依赖，美国自身的故事值得学习与借鉴。

美国独立建国后，曾经长期对大英帝国经济依赖直至全方位依赖。包括托马斯·杰斐逊在内的不少美国开国元勋，不同程度地接受了亚当·斯密等英国人的理论，依照比较优势原则，设计美国的发展道路，指引美国的发展方向，即一个以自耕农为主体的农业国家。实际上，就是依旧立足殖民地时期美洲大陆与英格兰之间的分工，出口烟草与棉花等农作物、木材与矿石等自然资源、鲸油与鳕鱼等海产品，而进口英国的工业品。这种发展模式尤其

---

* 本文以《中国经济应摆脱对美依附》为题，刊载于 2012 年 5 月 8 日《环球时报》，有删节。

得到了以南方奴隶主以及种植园经济力量的鼎力支持。但是，自由贸易令质优价廉的英国工业品挫伤了美国工业的发育，损害了北方企业主的利益，以亚历山大·汉密尔顿为代表的联邦党人以及相关制造业力量对此进行强烈而持续的反击，汉密尔顿本人甚至付出了生命代价。

是 1812—1814 年的第二次英美战争，逐步改变了美国国家主义与自由主义的力量对比。在战争中，美国的经济中心纽约、政治中心华盛顿被英国焚毁，第一夫人竟然从窗户狼狈逃窜。由此，经济繁荣的美国在主权、利益与声誉上受到了极大损害。美国主流由此开始反省自由主义的危害，通过高筑关税壁垒（1828 年的"可憎的关税法"将关税提升到 61%）、窃取欧洲先进技术等一切可运用的手段，以建立一个独立而强大的工业国家。

但是，美国的宪法与国体仍然支持着南方各州依旧保持着与英国的自由往来。作为当时世界最大的棉纺织品生产者，英国 3/4 的原棉来自美国南方。南方农场主（多半也是奴隶主）除了棉花种植与生产外，其他一切增值服务近乎都由英国人垄断，南方所需的中高端制造品近乎完全由农场主在伦敦的代理人办理，由此甚至促进了英国"棉花金融"的发展，并将美国南方纳入并绑定于英镑体系，游离于美国正努力营造的属于自己的美元体系。当时南方的奴隶种植园经济非常有效——建立在国际分工基础上的规模经济——1860 年南方农场规模中位数与平均数是 70.6 英亩与 135.9 英亩，非南方的则为 49.3 英亩与 64.5 英亩；1860 年棉花出口为 1.92 亿美元，是联邦财政收入的 4 倍，弥补了北方持续而严重的入超。种植园、棉花、奴隶、英镑体系支撑着南方也是美国经济的史无前例的繁荣。但是，这种依附繁荣与美国越来越多的社会精英与大众所理想的"独立工业国"渐行渐远。

美国秉持国家主义的政治家们曾尝试各种手段，试图将南方从英国的依附地位中解救出来，但是与英国的紧密利益驱使南方利益集团根本不顾国家主权与利益。为维持共同体存续与实现国家理想，最终只能诉诸武力——南北战争——以牺牲 60 万人（1860 年人口普查全美共有 3140 万人，牺牲者占 15—39 岁男性人口的 9%）、50 万人受伤、67 亿美元的直接经济损失（是1860 年国民总收入的两倍）的惨痛代价，消除了奴隶制，摆脱了对英国经济的依附。美国的工业化与国家崛起真正肇始就是"肮脏、悲惨的南北战争"（直到 1880 年南方经济也尚未恢复到 1860 年的水平）。

纵横透视今日之中国，与当初之美国有着惊人的相似，只是美国是南北问题而中国是东西问题。长期的外向经济使中国东部沿海纳入了既广且深又牢的美元体系，固化在国际分工"微笑曲线"的低端，结构调整与产业升级近乎成为镜花水月。弊端的集中持续呈现，加速地区发展失衡，摆脱对美国的经济不对称依赖已成为国家战略最紧迫的课题。

中美关系中的"鸵鸟思维"
与"阿Q应对"

　　国际交往中"相互依赖"早就是一个糊弄人的说辞，对此必须保持清醒，深入分析。"不对称依赖"在国际关系与世界经济中并非是一个什么深奥的理论。相互依赖双方，若甲方对乙方的依赖要大于乙方对甲方的依赖，就是一种不对称依赖，它会赋予依赖较小的乙方一种特权，来敲打依赖大的甲方。当初，美国正是利用夏威夷对自己的依赖，通过经济进而社会、政治手段，最终在1898年把夏威夷并入自己的版图。1845年，美国也是利用这种不对称依赖吞并了得克萨斯共和国。

　　无论从什么角度看，中国对美国的依赖要远远大于美国对中国的依赖。只要是不成对称依赖，就不可能有"平等互利"。多年来，美国可以用近乎是零成本且无限发行的美元换取中国真实的资源、商品与服务，这能叫"平等互利"？中国拿到这些绿色纸张或电子符号而成为外汇储备后，不能购买美国真实资产而只能购买美元证券、国债以支持美国经济，在美元贬值与通货膨胀中，中国的外汇储备不断缩水，这是"平等互利"？美国动辄以国内法对"中国制造"实施反倾销反补贴，实施"特别保护"，也是"平等互利"？福特、沃尔玛、高盛等美资企业可以长驱直入中国市场，而中海油、华为、大公等中资企业被美国长期拒之门外，是"平等互利"？

　　多年来，中美经济"平等互利"交往依据的是所谓"比较优势"理论，中美之间的落差分工合理性在于"比较优势"理论。然而，该理论是典型的强者送给弱者、主人送给仆人的理论，是昔日大英帝国送给新诞生的美利坚合众国的理论。深受盎格鲁自由思想洗礼的美国开国元勋、第三任总统托马斯·杰斐逊（1743—1826年），以及第七任总统安德鲁·杰克逊（1829—1837年在任）等诸多美国政治精英都接受了这一理论，像"学徒"依照"师傅"教导一样，努力把美国打造成一个符合"比较优势"的农业国，用美国的农产品、矿产品与海产品交换英国的工业品。但是，汉密尔顿不同意，联邦党人不同意，后来尤其是第二次英美战争（1812—1814年）后民主共和党内越来越多的同仁也不同意——美国依照"比较优势"建成一个农业国。最后终于通过血与火的较量，美国弃枷（通过比较优势建立农业国）执剑（经由竞争优势确立工业国），实现国家战略转型与最终崛起。

美国崛起后接过英国的旗帜，把自己弃之如敝屣的"比较优势"与"自由经济"全力兜售给其他后进国家，很多后进国家犹如当初的美国一样视之如瑰宝。但是，东亚先有日本后有韩国，阳奉阴违，不是用比较优势而是用竞争优势、不是用自由主义而是用国家主义来塑造自己的国家。韩国既不产铁矿石，也不产焦炭，还没有相关技术设备，发展钢铁工业无丝毫比较优势。但是，韩国要走重化工道路借以发展独立而完整的工业体系，就必须拥有强大的钢铁业。政府下定决心，节衣缩食，指定一个军人而不是企业家来负责组建钢铁企业，此举当时被国际经济界广泛讥笑。然而，韩国人不久就用自己的成功有力地回击了这些无知傲慢偏见，这个成功就是今日赫赫有名的浦项钢铁集团，一个被自由经济学家普遍忌讳的经济奇迹。当今，驰骋于国际市场的韩国巨型企业，如三星、LG等，无不是在"国家选优"的基础上培育的。若依照美国兜售的"比较优势"，韩国只能成为一个输出高丽参、泡菜，可能还有牛肉的农业国，但韩国硬是用国家投资补贴等多种手法，把一穷二白的韩国打造成为现代化工业强国。

因此拿一个实际已被唾弃、肤浅之极的"比较优势"理论来论证中美之间的分工合理性，并借以发挥中美之间的经济往来是"平等互利"，逻辑不成立，没丝毫说服力。另外，以当今不存在殖民地与宗主国来推论不存在依附关系，也是非常不严谨的。第二次世界大战后，尤其是近三十年来，以美国为首的西方在发展中国家积极推行"新殖民主义"，以及通过在发展中国家培育代理人、输送"经济杀手"等手法，令相关国家实施"自我殖民主义"，这些已是公开的秘密。头脑清醒的国人不可不察！

变"中国制造"为"中国智造"*

"Made in China"（中国制造）遍及全球，中国拥有了"世界工厂"的地位。但是，世界对"中国制造"毁誉参半，中国对自己的"世界工厂"地位褒贬不一。

据称，在国际上将中国称为"世界工厂"的说法最早源自 2001 年日本通产省发表的白皮书。再往前追溯，英国、美国和日本以其强大的创新和制造能力，也曾先后扮演过"世界工厂"的角色，源源不断地制造出各种产品、机器和设备。英国于 19 世纪中叶成为"世界工厂"，它创立了以蒸汽机为动力、分工合作与规模生产的近代工厂，掌握了国际分工的主动权，是全球制造中心和财富集散中心。

类似英国，美国也是通过执新一轮工业革命之牛耳而成为"世界工厂"的。美国用一系列知名品牌来标识自己"世界工厂"的地位，创立了"泰勒制"与"福特流水生产线"，奠定了现代工厂的基础。战后的日本则是通过"重化学工业化""加工贸易立国"和"技术立国"，成为新兴的"世界工厂"。它不仅实现了企业生产方式的革命，如"丰田模式"，还实现了资本主义组织方式的革命，即所谓"日本式经营"，如终身雇佣、年功序列和企业内工会等。

就英、美、日的历史经验来看，"世界工厂"一般应具备这样一些条件：该国的工业生产能力、研发能力、技术创新能力和经营管理水平已位于世界同类企业和行业的前列；工业品出口额必须占到世界总额的较大比例，能影

---

* 本文刊载于 2010 年 9 月 17 日《人民日报》。

响甚至决定世界市场的供求关系、价格走向及未来市场的发展趋势；该国的工业生产不仅为世界大规模地提供各类物品，而且为世界贡献了批量科学技术及全新的管理经验，使世界工业文明跃上新的台阶。

可以说，与昔日"世界工厂"相比，当今中国的"世界工厂"无论从质还是量的方面衡量都仍有相当大的差距。"Made in China"长期以来似乎是廉价产品的代名词。中国目前拥有自主知识产权核心技术的企业比例很低，诸多行业的对外技术依存度超过50%，而作为前"世界工厂"的美国和日本，这一比例却仅占5%左右。很多无自主品牌、无自主设计、无核心技术的"三无"中资企业，仅靠代工生产来赚取微薄的利润。

以芭比娃娃与iPad这两个极具代表性的"代工产品"为例。目前世界上大部分芭比娃娃都由中国制造，若以10美元一个售价来计算，拥有该品牌的美国获利8美元，而中国企业只能拿到35美分的加工费。标有"Made in China"的iPad在美国最低售价约499美元一台，但每卖出一台iPad，富士康和深圳工厂仅得9美元。由代工芭比娃娃到代工iPad，"中国制造"的代工技术显著升级，但中国从中获取的毛收益比重却在下降。

在国际分工体系的角逐中，昔日"世界工厂"英美日占据国际分工链的高端。作为今日"世界加工厂"的中国，既要瞻"前"还要顾"后"。"前"有发达国家的贸易壁垒与技术鸿沟；"后"有印度、墨西哥与东欧等地的成本追兵。中国必须思变，实现由"中国制造"上升到"中国智造"，从"世界加工厂"转变为"世界创造基地"。

国有企业应当适当承担政治责任*

中国的国有企业是国家安全的守护者、社会主义的实践者、民族精神的传承者、社会责任的肩负者、经济调控的执行者以及干净财富的创造者。[①]这是笔者早先对国有企业职能的概括。在与时俱进的今天，国有企业应当赋予而且理应具有新的职能，即不仅要承担经济、社会责任，还要适当承担政治责任。

企业的经济、社会属性离不开政治属性

欧洲经济史清楚地揭示，现代企业的起源来自政府的授权，获得皇家颁发特许证而成立的企业，亦商亦盗，宜商则商，宜盗则盗，无商即盗。企业依照契约按期或特许证终止前（当时企业都有时效），将经商赢得的利润以及海盗劫获的钱财，按股分红，政府往往因为是最大股东而分得最多。企业的经营、劫掠，与（国家）军事行动、政治介入紧密捆绑在一起。例如，获得英王授权的东印度公司、佛吉利亚等以企业经商之名，行殖民地管理之实，这些海外企业的利益就是母国的国家利益，公司利益极大化就是国家利益极大化。政治与经济、企业与政府自此就一直难舍难分。

美国自建国以来就是新老"强盗贵族"的天堂。美国通用公司董事长查尔斯·威尔逊，在被提名为国防部长的参议院听证会上，被问及当通用

---

* 本文刊载于《国有资产管理》2014 年第 4 期。

① 江涌：《论国有企业是维护国家安全的"经济长城"》，参见刘国光主编：《共同理想的基石——国有企业若干重大问题评论》，经济科学出版社 2012 年版，第 233—241 页。

公司利益与美国国家利益出现矛盾时怎么办？威尔逊道出了经典话语：通用的利益就是美国的利益，反之亦然。多年来，美国企业利益到哪里，美元到哪里，中央情报局就到哪里，美军就到哪里。美企（携带美元）、美军、美谍一直是美国霸权的三大支柱。钱权交织，政商一体。政府高官与企业高管的旋转门一直在自如地运行。总统或政府要员出访，都有一个庞大的工商巨子代表团陪同。政府为企业开拓市场，政治为经济保驾护航，未曾有过改变。

当美国百事可乐试图收购达能（法国一食品公司）时，法国总统站出来：政府在达能案中保持高度警觉，达能是法国一家非常重要的公司；总理站出来：政府将尽一切可能保护法国达能的利益，确保法国达能在法国的未来；相关部长站出来：达能对于法国的意义比珠宝都还要珍贵。此后，法国政府专门立法，规定 11 个行业、20 家著名品牌公司禁止外国公司染指或"恶意收购"。可以想见，法国政府与企业的关系何等密切。在西方经济大国中，法国的国有企业数量最多，体量最大，最有影响力。无论是左翼执政，还是右翼掌权，国有企业数量增增减减，起起伏伏，但是并不改变在国民经济、社会生活、国家政治中的作用。

在以资本主导的国家——西方发达资本主义国家，少数垄断资本——几大财团不仅管理着企业，实际还管理着国家，是前台活跃政客的幕后老板，是任何国民无法摆脱的影子政府，是国家政权实际掌控者。日本原首相池田勇人曾经一语道破真谛：在日本，官员是船长，财界是罗盘，船长总是根据罗盘指示的方向前进。今天的日本船长，不仅要看"日本制造"的罗盘指向，更要看"美国制造"的罗盘指向。第二次世界大战后，所谓"大日本"，实际连美国的一个州的地位都赶不上，政治的侏儒凸显映衬财界的伟大，小政府始终行动在大企业的阴影中。

西方圣贤亚里士多德指出，人是政治动物。企业作为法人，当然具有天生的政治属性。今天，作为法人的企业，其诞生需要政府发放牌照，其运营需要政府呵护监管，其破产消亡也需要政府许可，即经过一定的法律（国家意志的体现）程序。无论从哪个视角看，企业离不开政府，离不开政治；政府不能没有企业，行政不能没有财源，政客不能没有金主。在资本主导的国家中，资本一头连着企业，一头则连着政府；资本家一面是企业家，一面是政治家。企业的经济属性、社会属性与政治属性三位一体。

国有企业具有内在的政治属性

相较私人企业，国有企业具有比较明显的政治属性——国家政治的产物，通过剥夺剥夺者或国家直接投资而建立，由国家指派人员负责经营管理，实施落实国家生产与流通计划，为国家战略或国民经济服务。中国的国有企业是社会主义改造与建设的产物，是社会主义社会的重要载体，是社会主义经济的重要基础，是社会主义市场经济的重要主体，是社会主义政治的重要体现。

经济调控的执行者。国有企业是政府实施宏观调控的重要抓手，是产业政策实施的主渠道。多年来，主要西方国家出于政治需要——私人垄断资本获取垄断利润，以及消灭国际社会出现强大竞争对手的需要，否定发展中国家的产业政策，把产业政策当作一种异端邪说，否定"强政府"进而否定国有企业在国民经济中的主导作用。在诸多西方国家，国有企业通常作为一种解决市场失灵的组织机制而存在，随着全球化与信息化的逐渐扩大与深入，市场失灵越来越频繁，在诸如公共服务等领域，市场失灵近乎成为常态，因此国有企业不仅一直存在，而且其职能甚至还有扩大的态势。

当今中国，国有企业不仅是国民经济的重要组成部分，而且是政府调控经济的重要手段。2008 年美国次贷危机引爆国际金融大危机，因为财政悬崖与流动性陷阱而用尽了财政政策与货币政策，以美国为首的西方国家在金融海啸引发的持续经济低迷面前一筹莫展；受金融危机的冲击以及西方国家的风险转移与危机转嫁影响，新兴市场经济持续下滑；然而，中国在实施积极财政政策与稳健货币政策的同时，兼施以国有企业为龙头的产业政策，很快扭转了经济险境，赢得国际社会的高度赞誉。

国家安全的守护者。当今世界，若将国家与企业依照经济规模放在一起排名，位列前 100 位的，企业数目多于国家。经济正力压政治，钱力要高于权力。诸多跨国公司富可敌国，位列"财富500强"的企业，一般都有相当于波兰这样的中等国家的经济规模，比很多国家都要强大。

在中国，多年持续不断扩大开放与引进外资，令越来越多的行业为跨国公司直接或间接主导甚至垄断，民族企业在资金、技术、管理、营销等诸多方面无法与这些跨国企业相抗衡，越来越多的民族企业成为跨国企业的附庸——代理，成为跨国公司国际分工链的一个环节，没有丝毫的谈判与议价能力，而且在跨国企业面临困境时刻，往往成为转移风险、转嫁危机的对象。

但是，值得庆幸的是，正是由于国有企业尤其是大型国有企业的存在，使得中国的经济主权，总体上依然掌握在中国人自己的手中。国有垄断顽强而出色地抵抗国际垄断，如此，中国经济的列车基本上还是运行在自己利益的轨道上，而没有出现所谓"拉美化陷阱"。实际表明，凡是国有企业居于主导地位的行业，经济安全就有保障；凡是国有企业被改制、被私有化的行业，经济安全状况就令人担忧。

社会主义的实践者。国有企业能真正、充分发挥工人的"主人翁"地位和工会的积极作用，体现工人的当家做主。社会主义的经济基础就是公有制，公有制的重要实现形式就是国有企业。中国的国有企业从诞生那天起，就肩负着一个伟大的理想与神圣的事业——建设社会主义。

新中国成立后，中国以国有企业为主导，建立起完整与庞大的民族工业体系，正是在这些国有企业的支撑下，中国虽然身居发展中国家行列，拥有发展中国家之名，但是中国的实际成就——农业基础扎实、粮食与能源自给有余、工业门类齐全自主创新、劳动者拥有崇高政治地位、以"两弹一星"为代表的科学技术等等——远远超出一个发展中国家所能实现的最大目标。

近几十年来，尽管在国民经济中，私营企业与外资企业的地位与作用不断提高，但是在国际竞争中，国有企业的规模不断扩大，质量不断改善，地位不断提高，迎着各种风雨，持续健康成长，成为国之重器，国民经济的中流砥柱。

在国际金融危机不断发酵、世界经济持续低迷、国际政治跌宕起伏的今天，中国共产党提出毫不动摇地坚持走中国特色社会主义道路，坚持道路自信、制度自信与理论自信，一个重要依据就是国有企业伟大而成功的社会主义实践。

对国企的围攻是一种政治动员

多年来尤其是 2008 年金融危机以来，诋毁国有企业成为一切异己力量的最大公约数。对国有企业的指责与攻击只是问题的一面，问题的另一面则是权力与金钱上下其手，大肆挖掘国有企业的墙脚。

"干掉国企"的号角是在国际垄断资本的大本营——美国吹响的。次贷危机后，美中经济实力此消彼长十分明显。实力消长既反映在国民经济的总量与增量上，也反映在微观经济——企业的成长上。"世界企业 500 强"就是一个典型缩影。1995 年《财富》杂志公布第一份真正意义上的世界 500 强排行榜，当年中国只有 3 家企业上榜，2000 年增加到 10 家，2005 年增加到 18 家（其中内地 15 家），2010 年增加到 54 家（内地 46 家），2013 年达到 95 家（内地 85 家）。与此同时，美国上榜的企业 1995 年为 149 家，2001 年创下最高纪录为 197 家，但是 2013 年萎缩至 132 家。《财富》杂志预言，2014 年中国上榜企业将达 100—110 家，到 2015 年中国或将赶超美国，成为世界 500 强排行榜上的第一大国。进入世界 500 强的大陆企业主要是国有企业，中国国有企业的成长壮大引起美国工商界和政界的不安。

美国国会开始着力向中国国有企业发难。自 2008 年起，隶属于美国国会的"美中经济与安全审议委员会"在向美国国会提交的年度报告中，开始关注进而指责中国的国有企业，妄称中国的国有企业在国际经营，包括在美投资等威胁了美国的国家安全。美国国会于 2012 年 9 月还专门召开了一场以"国家信息安全"为核心的听证会，质询华为和中兴等中国"国有企业"对美国国家安全所构成的威胁。

美国政府就中国国有企业问题发起密集攻势。自 2012 年年初，美国财长盖特纳、国务卿希拉里等高级官员，在不同场合，不断拉高指责中国国有企业的调门，总统奥巴马甚至在国情咨文中表达了同样观点。《华尔街日报》等美国主流媒体一犬吠影，百犬吠声，积极配合美国国会与政府的行动。从 2012 年的中美第四轮战略与经济对话开始，中国的国有企业成为美国政商两界关注的新焦点，取代贸易及相关的汇率、补贴等成为新问题。

充分发挥国有企业"主力军"的作用

实现国家发展、民族复兴的"中国梦"，匹夫有责，人人有份，企业必须担当，作为共和国的长子，国有企业更应一马当先，在经济责任、社会责任之外，积极而适度地承担政治责任。[①]

国有企业是"主力军"。几十年的社会主义现代化建设实践表明，国有企业是国家安全的守护者、社会主义的实践者、民族精神的传承者、社会责任的肩负者、经济调控的执行者以及干净财富的创造者，国有企业是国民经济的"顶梁柱"、共和国的坚强柱石。中国是一个社会主义国家，只有通过做大做强国企，才能为社会主义提供坚实的物质基础与经济保障。中国国有企业的主导地位有其历史渊源，这是由责无旁贷的政治使命决定的，其在一些行业的垄断地位，是由一些行业的自然属性、日趋激烈的商业竞争、国家间经济博弈的现实决定的。没有国有企业的"主力军"，社会主义工业、农业、国防、科学技术和国家治理"五个现代化"的实现就没有保障，国家发展、民族复兴、人民幸福的"中国梦"的实现就没有保障。

与此同时，作为国有企业核心的国有资本，其本质属性仍然是资本，因此必须节制资本的贪婪天性，为国有资本设定边界，防止侵犯大众以及其他经济主体的合法利益；要加强对国有企业管理人员的监管，防止代理人的道德风险。企业制度的建设绝不是一劳永逸，苏联式高度计划体制下的僵化，以及目前自由资本主义的严重浸淫，由此而确立的国有企业，与理想的国有企业都存在差距，应不断努力缩小这种差距。因此，国有企业改革不能停

---

① 有关国有企业的政治责任可参见《我们的好日子到头了吗》，东方出版社 2013 年版，第 46—48 页。

滞，经济效益、社会效益与政治效益一个都不能少。

私营企业是"生力军"。国际经验显示，跨国企业是一国民族企业成长的"大敌"。"大敌"当前，是国有企业与跨国企业正面交锋，于"红海"作战，客观上为私营企业赢得了发展的时空。多年来，中国私营企业在"敌后"、在"蓝海"积极发展自己，成长壮大，活跃于各行各业，越来越崭露头角。一些私营企业甚至积累起令跨国企业与国有企业为之侧目甚至畏惧的经济实力。中国私营企业是市场的积极开拓者、是大众就业的主渠道、是政府税收的重要贡献者。"中国特色社会主义"充满生机，一个重要的原因，就是私营企业所迸发出的巨大活力。

中国私营企业汇聚了一般企业的积极因素，同时也具有一般资本的消极因素。新中国成立之前的过去如此，改革开放后的现在亦然。在国有企业占据主导地位的时空中，私营企业依附国有企业；在外资企业在中国发展的过程中，私营企业又投靠外资企业。近年来，毒奶粉、毒饺子、毒牙膏等黑心产品，肆意投机引发各类资产泡沫，偷税漏税将资产转移海外，主要是私营企业所为。治理经济环境，整顿经济秩序，必须花大气力节制这些无良的私人资本。在强化法律制裁手段的同时，不应忽视加强思想道德建设，让越来越多私人资本、私营企业家的血管流淌道德的血液。而让那些血管已流淌道德血液的私营企业家，更加高尚起来，鼓励、激励他们承担相应的政治责任。

跨国企业是"雇佣军"。在世界范围内，跨国企业普遍遇到"非我族类，其心必异"的问题，而我们却长期以"超国民待遇"来吸引跨国企业。中国是后进国家，在科技、管理、经营水平等方面与发达国家还存在一定的差距，因此需要那些相对先进的外资参与中国现代化建设。此外，随着中国经济的壮大以及企业竞争力的增强，越来越多的企业需要"走出去"，利用国际资源、拓展国际市场。所以，保持市场的适度、有序开放，外资企业尤其是技术密集型外资企业，在国民经济中占据一定比重，有着积极意义。

但是，必须注意到，外资企业的两面性比民营企业更加明显，尤其是跨国垄断资本不仅是某种先进的代表者、财富的创造者，更是"病毒"的携带者。一些富可敌国的垄断企业，为了实现扩张、谋取垄断、获得超额利润，处心积虑要消除发展中国家的国有企业，使其私人企业成为自己的附庸，从而得到各类廉价资源，为自己自由支配与使用。因此，中国在积极主动利用外资的同时，切忌被外资所利用，尤其是被过度利用。在国家政治责任上，不要奢望他们能发挥什么正能量，能够抑制他们负能量的释放，就已经很不错了。

大国崛起需要战略突围[*]

2008 年，国际国内舆论普遍鼓捣是"中国年""中国好运年""中国奥运年"，还有"中国崛起年"……一些国人更是兴奋得不能自已，畅想着美好愿景。但是，老天爷偏偏爱跟中国人开玩笑，新年伊始，就给那些忘乎所以的中国人来了个"下马威"。瑞雪原本兆丰年，如今却给中国带来了一场灾难。令中国上下手忙脚乱的不只是自然界的"大雪压青松"，而更有国际社会的"乌云压城"。大雪阻挡的只是民工回家的路，而乌云阻挡的则是中国崛起的路。

大国崛起就是要成为强国，成为受世人敬畏的国家。就历史经验来看，大国崛起一般历程坎坷漫长，至少需要突破两个关键障碍。

一是超越自我。大国崛起首先是国家"硬实力"的显著增强，从而具有"以力服人"的本钱。强大的经济力量、强大的科技力量以及在这两者基础之上形成的强大的军事力量，使任何觊觎者不敢轻举妄动，否则将可能付出沉重代价。这是最传统的"坚船利炮式"的大国崛起模式，历史上的西欧列强以及东亚日本的崛起都属于此类。其次，在"以力服人"的基础上配合"以利服人"，即给他国以经济上的好处，这就是美国的"大棒+胡萝卜式"的崛起模式。战后，美国以"马歇尔计划"援助欧洲、以"道奇计划"帮助日本，以"第三点计划"讨好中东等第三世界国家，从而建立起霸主地位。不难看出，西方大国使人顺服的"力"与"利"都是所谓的"硬实力"。

＊　本文刊载于《中国经济评论》2008 年 5 月号。

大国崛起需要国家自信心的显著增强。实力的增强，配合以应对各种矛盾与突发事件能力的增强，带来的一个重要结果，就是自信心的显著增强，也就是大国自信。强者无须仰人鼻息，无须看别人的脸色来行事，无须不断用国际舆论与评价来校正自己的决策与行为。因为有了能力与自信，崛起的大国常常勇于实践，敢于创新，成为创新型国家，成为各类智慧产业的创造者与领先者。

二是有效突围。尽管人类已进入全球化、信息化时代，但是弱肉强食的"丛林法则"并没有根本改变。由于国际资源、国际市场的有限，当后起之秀的崛起速度超过国际资源、国际市场本身拓展速度时，意味着国际秩序面临改变，矛盾与冲突由此难以避免。传统上，旧秩序的主导者总是会通过军事配合政治、外交手段加以"硬抑制"。经由两次世界大战以及难以计数的局部冲突，一而再的"零和"博弈使得大国之间的兵戎相见越来越少，代之以经济与政治领域的竞争越来越白热。"软抑制"取代"硬抑制"，西化、分化、弱化、丑化等等凡是能有助于削弱或延缓对手崛起速度的手段，无不是"物尽其材，材尽其用"。

纵览世界近现代史，一些霸权国家（如英国与美国）的崛起，是全方位的综合崛起，即在政治、经济、科技、军事等多方面近乎全面的领先崛起。而一些大国（如德国与日本）的崛起，通常只是在某一领域的崛起。并非德日不想全面崛起，成为世界霸主或与霸主平起平坐，而是难以排除外界的强大干预，致使自身崛起战略存在严重问题，尤其是把崛起的希望寄托在别人身上，这种缺乏自信、自强的发展战略最终使他们全面崛起的计划夭折。崛起梦的破灭，有天时与地利因素，但是更多是人和与人为因素。谋事在人，成事事实上也多半在人。由于谋划不周，德日痛失全面崛起良机，然而国际局势瞬息万变，昔日的"弄潮者"如今只能成为新兴大国崛起的看客。所以，今天的德日对于新兴大国的崛起，当"别有一番滋味在心头"。

长久以来，中国人敢为天下先，而且大多数时间一直为天下先。只是到了近代，鸦片战争尤其是甲午战争，中国人的自尊与自信被完全摧毁，崇洋媚外由此大兴。新中国成立与社会主义现代化建设，使中国屹立于世界东方，成为使列强不敢随意欺侮的大国。改革开放以来，中国取得的成就为世界瞩目，如今已成为世界第四大经济体，多项经济指标位列国际前茅，越来越多的中国人正为国家的崛起而备感自豪。然而，随着中国越来越融入国际社会（中国诸多领域比很多发达国家还要开放），向西方社会靠拢的身段不断柔软，承担越来越多的与自身实力不是很相符的国际责任，向世界不断解释自己和平发展的强烈意愿，但是国际社会尤其是西方世界遏制中国崛起不遗余力，甚至变本加厉。北京奥运，被中国理想为展现自己新形象的契机，却被西方作为渲染"黄祸"，集中敲打、敲诈中国的平台。就连一些无比亲善西方的人士也感到迷惑，当然更令广大抱世界和平之志、持科学发展之观、怀合作共赢之心的爱国人士义愤填膺。

大国崛起之路是用实力铺垫的，这应当作为一条永恒的真理。中国尽管经济总量可观，但是人均财富微薄，尤其是国家核心竞争力脆弱。多年来，由于采取急功近利的发展模式，从而在科技、外贸、资源与市场乃至制度创新上，形成了对西方的高度依赖。西方正是掌握了中国的发展命脉，看准了中国的软肋，所以才可以肆无忌惮地敲打、敲诈中国。目前的中国实力还远不足以支持中国现阶段的快速崛起。

但是，中国的崛起是大势所趋，是人心所向。鉴于德日等国家崛起中的经验与教训，中国应当为国家崛起作长远战略规划。战略规划不能因人而异、因政而异。在"硬实力"尚待不断强化之际，应大力发展"软实力"。把握时机，强占先机，化解危机，以"硬"撑"软"，以"软"补"硬"，以柔弱胜刚强。充分利用六千年悠久文明的优势，利用后发优势，利用体制灵活的优势，克"以力服人"之短，扬"以利服人"之长，提高"以理服人"的能耐，增强"以德服人"的魅力。尽管大国崛起历程坎坷漫长，但是如果真的是天道酬勤，厚德载物，那么世界下一个崛起大国当中国莫属，然而，我们做好准备了吗？

以非常之策应对非常态势[*]

　　近来，随着"中国制造"再起风波，加上南方的雪灾、飙升的物价、震荡的股市和西藏的"3·14"事件等接踵而至，所有这一切，考验着党把握大局的能力、考验着政府的执政能力、考验着知识精英的识辨能力以及国民的适应与忍耐能力。

　　世界上没有无缘无故的爱恨与情仇，也没有无缘无故的问题与矛盾。如果能够察微知著，就是必然；倘若一贯熟视无睹，就是偶发。中国当下面临的诸多棘手矛盾与问题，重要原因是先前的矛盾与问题积累的结果。一直以来有一种倾向，不愿意直面现实，不愿意承担现在就解决问题的麻烦与风险。因此，对不少关系到未来经济与社会发展的重大问题，总是一拖再拖，相信后人比前人聪明，相信时间是解决问题的最好手段。

　　因此，现在的诸多棘手问题与矛盾，是综合征，是并发症，是顽症。仅从某一两个方面着手是难以有效应对的。如现在的通货膨胀压力，就是长期资源价格扭曲、市场机制混乱的产物。笔者于20世纪90年代中期在武汉大学攻读经济学硕士时，曾与学校老师下乡做调研。江汉平原，鱼米之乡，中国重要的商品粮油产地。在地处洪湖边的一个县，当地的县长询问我们："为什么一瓶菜籽油还卖不到一瓶矿泉水的钱，马克思的劳动价值论真的失效了吗？恳请你们这些大学经济学教授，能否告诉我答案，我好向农民去解释，好让他们响应国家号召继续种油菜。"这个疑问一直伴随笔者读完经济学博士。

---

　　* 本文刊载于《瞭望》新闻周刊 2008 年第 16 期。

时下的世界粮食危机，成为全球关注的焦点。一般解释是世界粮食供求关系紧张，库存已到历史低点。但是，在中国粮食持续四年大丰收、粮食库存不断增加的情形下，食品价格却持续上涨。何故？食品价格上涨则以豆油为先。豆油为何要领先？为什么能够领先？答案是，中国大豆从生产到销售，大豆油从压榨到销售，近乎被外资控制与垄断。当然，外资对中国大豆以及豆油市场的控制与垄断，影响的不只是食用油，还有肉蛋奶等。因为大豆压榨的另一个重要产品是豆粕，而豆粕是重要养殖饲料，饲料价格的上涨必然导致养殖成本上升，从而推动肉蛋奶价格的上涨。

上述案例就出现在我们的餐桌上。至于房地产、股票等资产价格的涨落，则要比餐桌上的问题复杂得多。但是，万变不离其宗的是，这些棘手问题，在中国现在集中呈现、爆发，是原先矛盾积累的结果。因此，"外科手术式"的对策不是解决问题的有效办法。今天中国发展问题症结在宏观经济上，正集中体现在有可能落入"高通胀"与"缓增长"的困境，这样，政府将在通胀和经济减速两大风险的平衡上面临更大的挑战。于是乎便有了"今年是中国经济最困难的一年"的说法。

然而，也有另一个相当轻松的视角。因为中国经济的放缓有利于宏观经济重新实现平衡，恢复正常的自然增长，高速增长是不正常的；有利于转变过度依赖出口和投资的畸形经济增长方式，逐步调整到依靠内需来拉动经济的正常态势；有利于集中力量解决社会发展中的不平衡问题，缓解社会矛盾，实现科学发展。此外，中国经济增长放缓可以减少房地产和股市中的危险泡沫，同时可以减轻经济扩张失控给自然资源和环境带来的巨大压力。

随着"大部门制"的推出，政府机构改革与政府职能的转变更加引人关注。而伴随政府职能的转变，主导中国经济增长、解决就业问题将切实由市场来承担。因此，可以考虑采取"定向经济爆炸"的改革开放政策，即除有关国家安全领域外，近乎所有行业向内资开放。这样，不仅有助于解决国内目前严重的流动性过剩问题，而且可以有效解决经济缓增长以及巨大就业压力等突出矛盾。

当然，为配合由市场主导的经济增长方式的顺利推行，需要进一步完善市场运行环境。一是减税。鉴于政府税收的膨胀与财政运行的低效（多半用于养人），应当考虑对整个中国民营经济实行"多予、少取、放活"的经济政策，紧紧约束工商、税务、城管等窒息微观经济活力的自利行为，激发民间经济主体参与经济活动的热情。二是为民间投资提供良好的融资平台。鉴于资金、资本市场运行的低效，应将融资主体由国有企业转向私营企业、个体经济。让私营企业在更加公平的环境下与国有企业展开竞争。国有企业应切实退出一般竞争性领域，瞄准其应该瞄准的竞争对手——跨国公司，着力利用国际资源、开拓国际市场。在自然垄断或关系国家安全的行业，国有企业应发挥行业龙头作用。

以社会安全促均衡发展[*]

经济在繁荣与萧条中循环往复，这是市场经济的常态。市场是无情的。经济艰难时刻，格外需要政府、社会伸出温暖之手，建立社会安全制度，实现社会均衡发展。当前，就业是85%以上中国城市家庭唯一收入来源。同时，越来越多的农村居民也依靠离乡就业改善生活。在近期就业环境不佳、就业增长乏力的情况下，应抓紧时机集中建设社会安全制度，尤其关注城乡困难群体，给他们温暖与希望，为实现社会相对稳定与和谐提供保障。

社会保障：化解社会危机的重要手段

社会保障制度是社会的"安全网"或"缓冲区"。健全的社会保障制度，可以保障失业人群生存，防止经济危机转化为社会危机。同时，经济困难的时刻，也可以很好地检验"安全网"的缜密性与"缓冲区"的有效性，为完善社会保障制度提供了契机。

从发展历程看，西方国家多是在经济、社会危机时制定社会保障制度。英国1597年《济贫法》颁布时，国内食品价格飞涨，国内失业率上升，贫困问题日益严峻；德国在19世纪末建立社会保障体系，初衷是对方兴未艾的工人运动釜底抽薪，维护资本主义社会的稳定；美国建立覆盖全国的社会保障体系则是在20世纪30年代大萧条之后。

---

　*　本文是笔者与中国现代国际关系研究院黄莺博士合作完成，刊载于《瞭望》新闻周刊2009年第8期。

之后，在历次经济危机爆发后，不少国家政府都会重新审查社保制度，对其进行调整，如此才有今天的相对完善，人们才不会担心社会因危机而出现大震荡。

欧美等发达国家在建立社会保障制度时，农民只占全国人口的一小部分，压力较小，负担较轻。而中国如今面临的问题却更加突出而严峻：一是如何在农业人口庞大的农村建立有效的社会保障体制；二是如何为一亿多在城市常年务工的农民工提供基本社会保障；三是如何为城市低收入人群完善与提高社会保障。

国际金融危机冲击对我国经济产生较大影响，其中之一是就业岗位减少。难局之中，社会保障制度的建立更容易取得共识，昔日制度建设中的一些棘手问题，有了解决的新契机。

经济增长：做大蛋糕与合理切割同等重要

解决贫困与失业也是一个重要的经济问题，在经济困难时，更是一个压倒性的经济问题。经济增长，做大蛋糕，可以有效增加就业，这样才能提高大多数贫困者的收入，使其解决温饱，脱贫致富。而且，只有蛋糕做大了，政府的"转移支付"才有更多更大的余地。因此，"济贫"并非一定要依赖"劫富"的极端方式。

在促进经济增长的种种手段中，将自然资源保护和落后地区经济改造相结合的做法值得关注。

美国大萧条时期，推行了田纳西流域改造以刺激经济。1933年，"田纳西流域管理局"建立，旨在促进防洪、航行、电力、土地和森林的合理利用，以及"人民的经济和社会福祉"。这个新机构把上述所有问题与规划统一起来集中处理，并独立作出决策。管理局在忙于建造水闸、水坝和发电厂的同时，还致力于贫瘠土地的退耕、土壤保持、植树造林、引入更好的农业机械，以及鼓励本地制造业、公共卫生和教育。这一经济改造项目取得了极大的成功，有效地缩小了田纳西流域和北方的经济差距。

现在，中国西部地区同样存在着经济落后和生态环境恶化的双重问题。

此前，开发落后地区过于倚重外部"输血"、引进"先进"的工业。在当前致力于经济社会均衡发展的时刻，不妨参考一下田纳西流域的管理经验，将改善环境与经济增长有机地结合起来。

同时，大量实证表明，经济增长并不必然减少贫困。因为伴随经济增长，对工作机会的竞争往往会更加激烈，由此导致工资水平的下降，贫困率也有可能上升。例如，美国在20世纪80年代，经济持续增长，人均GDP增加了23%，而贫困率却上升了12%。经济增长反而使社会收入差距越来越大，两极分化也越来越大。

财富高度集中必然影响消费，使得社会有效需求不足，反过来制约了经济的持续增长。近年来，中国收入差距日趋明显，用来衡量社会两极分化的基尼系数目前已高达0.47，超过0.4的"警戒线"。在亚洲仅次于菲律宾，超过了所有的欧洲国家。两极分化不断加大，社会矛盾因此日趋凸显，严重侵蚀着社会稳定的基础。因此，缩小贫富差距，遏制两极分化，保证大众尤其是困难群体能够分享到经济持续增长带来的好处，向低收入阶层倾斜的收入分配政策需要抓紧完善。

增加就业：两手抓，两手都要硬

资本主义抑或自由市场本身，必然产生两个重要后果——经济周期波动与贫富两极分化，由此极有可能引发经济危机与社会危机。

资本积累的必然结果，就是"一端是财富的积累，一端是贫困的积累"。这种两极分化必然导致消费不足与生产过剩，消费不足与生产过剩不断积累引发经济危机，经济危机引致社会危机，社会危机与经济危机相互激荡，致使社会不稳定。

观察世界经济历史，经济越是自由、市场越是自由的经济体，这两大结果就越明显。这就是市场经济难以摆脱的"魔咒"。由于这一"魔咒"的存在，必然威胁经济持续增长与社会有序稳定。因此，市场经济绝对不是个至善的经济体制；"无形之手"必须要"有形之手"拾遗补缺，政府的一些干预作用不可替代。

要有效发挥政府的作用。首先，应增加对公共工程的投资，如修建公路、堤坝、公共建筑工程和公用事业，这不仅促进需求增长，而且直接创造就业机会。如1933年10月，美国成立了专门从事工作救济的"民用工程署"，很快就让400万人有了工作。该部门总共花掉了大约9亿美元，大部分用于修桥补路，校舍、公园、运动场和游泳池的维修，害虫和腐蚀控制，以及市政公用事业的工作。

其次，在出口急剧萎缩、个人消费持续疲软的情势下，增加政府对商品与劳务的采购，从而为私人部门提供一个稳定的市场。

第三，增加政府转移支付，增加退休人员津贴、养老金以及失业救济等，以维持群众一般生活水平，防止购买力急剧下滑。

与此同时，还要充分发挥、挖掘市场的潜力。尽管自由经济思想正被越来越多地抨击与抛弃，但是市场对资源的优化与配置功能还是不能否认。中国可以考虑的选择之一，是实施"定向经济爆炸"，即除个别关系到国家安全的战略产业外，让尽可能多的行业向内资（民间资本）开放。

为配合由市场主导的经济增长方式的顺利推行，必须进一步完善市场运行环境。

一是减税与减负，即对整个中国民营经济实行"多予、少取、放活"的经济政策，紧紧约束工商、税务、城管等削减微观经济活力的自利行为，激发民间经济主体参与经济活动的热情。

二是为民间投资提供良好的融资平台。鉴于资金、资本市场运行的低效，应将融资主体由国有企业加快转向民营企业、个体经济。让民营企业在更加公平的环境下与国有企业展开竞争。

国有企业应退出一般竞争性领域，瞄准其应该瞄准的竞争对手——跨国公司，着力利用国际资源、开拓国际市场，发挥行业龙头作用，维护国家经济安全。

三是设立面向农村的创业投资基金以及其他投资咨询机构，为回乡农民工就地创业提供资助与帮助。从积极方面而言，农民工是中国农村的新兴人群，是中国农村最具有活力的人群，是中国农村先进生产力的代表，他们不仅是一般打工者也是技术工人，他们在外摸爬滚打多年，手里也积攒了一些余钱，尤其难能可贵的是内心时常涌动着脱贫致富的热望。因此，政府若能善加引导与利用，就极有可能变社会压力为经济动力，使之成为中国经济新的增长点以及社会稳定的积极力量。

目前，世界上许多市场经济国家都采用"就业优先"的经济发展模式，把促进"充分就业"作为经济发展政策的优先目标。而我国长期采取的是"经济增长优先"的经济发展战略。这种战略行之既久，容易伤害到广大劳动者的就业权利，忽视人力资源的开发，也忽视失业保障制度的完善。

此外，在就业问题上，也可以考虑除工业化与城镇化之外，促进农村全面现代化。未来，农村水利建设、基础设施建设、环境保护建设等等，不仅可以促进经济增长、平衡城乡地区发展，也可以大量增加就业，而且是本乡本土的低成本就业，降低城市就业压力。

幸福指数：以先善带后善

西方一些学者的评述令人深思。在他们看来，多数中国人在相对"田园"的体系下，在尚没有取得骄人经济业绩的时代，曾经"穷但快乐着"。

英国学者伯特兰·罗素认为，"人生的乐趣，是我们生活在工业文明的时代，受生活环境重压而失去的最重要、最普通的东西。但在中国，生活的乐趣无所不在"，"我认为，一个普通的中国人可能比英国人贫穷，但却比英国人更快乐"。

埃德加·斯诺在他的《西行漫记》中记载着一个"无乞丐，无鸦片，无卖淫，无贪污和无苛捐杂税""一个柏拉图理想国的复制品""一个生活在未来的光明中的国家"。

1949 年后的中国，除了部分年代，在没有偏见的西方人士的眼中，中国尽管并不富足，但是幸福，人民高尚淳朴、公而忘私、社会平等自由。

这种反差不仅在东方的中国，在西方也不少见。新罕布什尔州的伐木工人原本一辈子都活得相当满足。他们也许没有自来水和中央供暖，也没有多余的储蓄。他们整日愉快地用柴炉做饭、喂鸡养狗、修理破烂屋顶、整理花园，自己种植果实酿造美酒……

但是，信息化、市场化、全球化给了他们新的比较尺度。媒体不断发动攻势，电视里的世界就是标准的世界；教科书持续宣传，经济学家的条条成了生活框框。原先生活中充满的无比惬意的细节，被简单的统计数据冲刷殆尽。伐木工人们惊异地"发现"自己原来"生活在贫困线之下"，"社会地位低下"，"无权无势"，于是他们"觉醒"，不断抗争，为了更"体面"的生活。经济学家根据失业率与通货膨胀率，编制了"痛苦指数"，但是"幸福指数"是怎么回事，他们无法给出令人信服的回答。

幸福、快乐、满意，不只是经济。完全受经济增长左右的政策往往使人陷入物欲的陷阱，难以自拔。

不是经济学家，而是南亚不丹国的国王提出了"幸福指数"。他认为国家政策应该关注幸福，并应以实现幸福为目标，人生的基本问题是如何在物质生活和精神生活之间保持平衡。由此，不丹创设了由"政府善治""经济增长""文化发展""环境保护"四类要素组成的"国民幸福总值"（GNH）指标。

按照这一指标，最近30年来，在物质财富取得长足进步的同时，中国不少地方的"国民幸福总值"由升转降，"以牺牲精神文明为代价换取经济的一时发展"的势头日趋明显。

因此，"物质贫乏不是社会主义，精神空虚也不是社会主义"。如今，政府在致力于扩内需、保增长的同时，更应强化"政府善治""文化发展""环境保护""道德提高"，督促、鼓励先富帮后富，先善带后善，实现全社会的均衡发展。

发展教育撒播明天的希望

人是消费者，也是生产者，是最能动的生产要素。通过不同层次的教育，人可以成为不同层次的社会资源和人力资源。

在国际战略家眼中，21世纪的国际竞争是综合国力的竞争，是知识的竞争，是人才的竞争，掌握人才就是掌握未来，而人才是通过教育锻造出来的，因此未来的国际竞争归根结底是教育的竞争。《中国教育改革与发展纲要》强调：谁掌握了 21 世纪的教育谁就能在 21 世纪的国际竞争中处于战略主动地位。

经济难局也使教育问题日益凸显。中国 20 世纪 90 年代末开始教育产业化，扩招后高校培养出的大批毕业生遇到就业困难。教育部门不断拉长"生产链条"：学士—硕士—博士。但是，一方面，毕业的大学生无法找到合适的工作；另一方面，国家工业化所需要的源源不断的拥有专业技能和熟练的工人又无法得到满足，新农村建设更是后继乏人。

实际上，全世界的教育事业如今都遭遇到寒冬。经合组织教育负责人巴巴拉·艾思卿格表示："当前的经济危机使得我们无法对许多政府和非政府促进终身教育的行动计划提供支持。"经济的不景气令许多欧洲国家开始考虑减少教育预算，与此同时，大批失业者对教育培训需求在不断增加。联合国教科文组织副总干事尼古拉斯·伯奈特认为："失去了教育，一个国家便失去了竞争力。随着经济形势的变化，社会差距还在不断扩大，被排除在社会之外的群体人数可能增加，他们面临的风险也更大，在人们为重新寻找就业岗位以返回主流社会而努力时，教育和培训显得尤其重要。"

这给了中国缩小与发达国家教育差距的机会。

教育能从根本上缩小社会差距，点燃困难群体、边缘人群努力创造更加美好明天的希望。因此，经济不景气时，教育更应被视为公共服务中的必需品。

可喜的是，中国对教育已经从忽视与短视转为正视与重视。如今，则应该致力于化危机为转机，免费为所有中国适龄学童提供九年义务教育，免费为老少边穷地区的学生提供书本与午餐，免费推行、推广中等职业教育，增加对农民工的教育和培训，完善城市下岗职工的教育和培训，建立大学终身学习机制，帮助毕业学生从职场重返校园寻求新的就业技能，以防止有更多的人被弱势化、边缘化。

坚定走中国特色的现代化道路[*]

新中国成立后，即使在政治上基本实行"一边倒"，经济上基本采取"苏联模式"时，具有独立自主意识的中国人也从来没有放弃探索具有"中国特色"的现代化道路。1956 年 4 月，在谈到应从苏共二十大得到什么教益时，毛泽东认为"最重要的是要独立思考，把马列主义的基本原理同中国革命和建设的具体实践相结合"。但是，当时的国际客观环境与中国领导人的主观意识决定了中国的探索很难取得实质性进展。

"自力更生为主，争取外援为辅，破除迷信，独立自主地干工业、干农业、干技术革命和文化革命"^① 的明确指导思想，以及立足于中国国情的一系列现代化建设实践，构成毛泽东思想的重要组成部分，为"中国特色"的探索奠定了基础。党的十一届三中全会后，以邓小平同志为核心的党的第二代中央领导集体，真正开启了具有"中国特色"社会主义的全面探索。1982 年，邓小平在党的十二大开幕词中宣布："走自己的路，建设有中国特色的社会主义。"^② 这一系列"摸着石头过河"的探索，后来被总结为邓小平理论，成为建设有中国特色的社会主义的指南。这种独具"中国特色"的社会主义，不但在马克思主义经典著作中看不到，在国际历史与现实中也难觅踪迹。正如胡锦涛所指出的，"没有以毛泽东同志为核心的党的第一代中央领导集体团结带领全党全国各族人民浴血奋斗，就没有新中国，就没有

---

　* 本文选自《经济研究参考》2009 年第 18 期，摘自《国有资产管理》2009 年第 2 期《老路、邪路与自己的路》。
　① 《毛泽东文集》第七卷，人民出版社 1999 年版，第 380 页。
　② 《邓小平文选》第三卷，人民出版社 1993 年版，第 197 页。

中国社会主义制度。没有以邓小平同志为核心的党的第二代中央领导集体团结带领全党全国各族人民改革创新，就没有改革开放历史新时期，就没有中国特色社会主义"。①

马克思主义中国化开始了"中国特色"的道路探索，毛泽东思想、邓小平理论、"三个代表"重要思想与"科学发展观"是"中国特色"的一脉相承与发展。"中国特色"就是坚持立足中国基本国情，坚持四项基本原则与改革开放的基本方针，坚持将独立自主、自力更生作为发展的根本基点，坚持中国人民自己选择的社会制度和发展道路，坚持中国的事情按照中国的情况来办、依靠中国人民自己的力量来办，坚持把国家主权和安全放在第一位，坚持走中国特色社会主义道路。这是中国民主革命 90 年来、新中国成立 60 年来、改革开放 30 年来的实践经验与教训的科学总结，实践的成功使中国人民越来越自信地坚持走自己的路。

设在华盛顿的思想库新美国基金会的资深研究员迈克尔·林德认为，危机明显损害了我们一直倡导的英美模式的声誉，中国模式现在可能更多地会被认为是未来的潮流。但是，从经济思想史的长河来看，自由市场主义的溃败未必就是国家干预主义的胜利，右翼思想光芒的暗淡未必就是左翼力量的自然崛起。即便历史的钟摆正明显向"左"，国际社会普遍"左"转，但是理论的交锋、价值观的碰撞与利益的博弈仍在继续。中国当然不会把书本上的个别论断当作束缚自己思想和手脚的教条，也不会把实践中已见成效的东西看成完美无缺的模式，中国已坚定走有"中国特色"的现代化道路，而对这条道路的探索永无止境。

---

① 胡锦涛：《在纪念党的十一届三中全会召开 30 周年大会上的讲话》，人民出版社 2008 年版，第 13 页。

老路、邪路与自己的路[*]

有道是：方向决定成败，细节影响好坏。因此，"举什么旗，走什么路"关系到中国现代化建设的成败，关系到民族复兴、国家崛起的成败。90年前的五四运动，揭开了新民主主义革命的政治独立道路；60年前的新中国成立，开启了社会主义革命和建设的探索道路；30年前的改革开放，开辟了中国特色社会主义道路。在改革开放30年、世界遭遇百年一遇的经济大危机之际，中国向世界宣告，中国决不走封闭僵化的老路，也决不走改旗易帜的邪路。日益成熟与自信的中国人，正挺直脊梁，走自己的路，一条前人未走过的路，一条有"中国特色"的社会主义的康庄道路。

在近代以前的人类发展历程中，中华民族一直不落人后，而且绝大多数为"天下先"，也因此总是"敢为天下先"。在18世纪西方工业革命以前的1000多年的时间里，中国一直是世界上科技最先进、经济最繁荣的国家。然而，在鸦片战争中，拥有几十万军队的中国竟然被区区几千人的英国军队击败，中国人的自信被颠覆了。尤其是甲午战争，拥有亚洲最强大海军的中国，竟然被一直仰慕、学习甚至一度依附自己的日本击败，近乎彻底击毁了中国人的自信。如此，一些先觉先悟的中国知识与官僚精英，从"师夷长技以制夷"，到"中学为体，西学为用"，再到"全盘西化"，迅速倒向西方。从洋务运动、太平天国、戊戌变法直至辛亥革命，一次次尝试的失败、一次次强权的肆意欺侮，一次次挑战着中华民族的信心底线。

---

[*] 本文刊载于《红旗文稿》2009年第9期，摘自《国有资产管理》2009年第2期《老路、邪路与自己的路》。

马克思主义中国化开始了"中国特色"的道路探索，毛泽东思想、邓小平理论、"三个代表"重要思想与科学发展观是"中国特色"的一脉相承与发展。"中国特色"就是坚持立足中国基本国情，坚持四项基本原则与改革开放的基本方针，坚持将独立自主、自力更生作为发展的根本基点，坚持中国人民自己选择的社会制度和发展道路，坚持中国的事情按照中国的情况来办、依靠中国人民自己的力量来办，坚持把国家主权和安全放在第一位，坚持走中国特色社会主义道路。这是中国民主革命90年来、新中国成立60年来、改革开放30年来的实践经验与教训的科学总结。实践的成功使中国人民越来越自信地坚持走自己的路。

如今，在"苏联模式"、莱茵式资本主义模式（典型代表就是德国社会市场经济）以及"盎格鲁—亚美利加模式"（典型代表就是新美式资本主义）或走入历史或日渐式微的时候，"中国特色"的发展道路越走越宽广，越来越多得到世界的肯定与赞誉。

以"中国主张"构建和谐世界[*]

让世界各国古老文明一起焕发青春,与西方基督文明一起争奇斗艳,这是"中国主张"所涵盖的重要内容。

美国霸权衰落与自由主义式微,导致全球乱象丛生,世界不断沉沦。每个经济体、每个政治单位、每个文明,都有义务承担起出世界于流沙陷阱的责任。"中国主张",是一帮勤于思考、敢于梦想的中国人的愿望,它不是历史虚无主义,不是大中华主义,不是大国沙文主义,更不是全球霸权主义。"中国主张"是人类各民族更加平等、国际紧密合作、世界持久和平与人类共同发展的理想主义。

自由主义式微

自"9·11"事件以来,国际社会乱象丛生,宗教极端势力、跨国有组织犯罪、恐怖主义、地区冲突、海盗、瘟疫等等蜂拥而至;世界经济危机四起,大宗商品价格危机、粮食危机、石油危机、货币危机等等此起彼伏,尤其是在当前世纪金融大危机的冲击下,经济大国以邻为壑,各自为战,由此全面而深刻地显示全球治理危机,即为解决一个问题,往往引致一个或更多更大的问题。

世界政治与经济的系列乱象与危机,不仅是美国的霸权危机,是自由资

* 本文以《以"中国主张"推动和谐世界》为题,刊载于《瞭望》新闻周刊 2009 年第 22 期。

本主义危机，是现行国际秩序的危机，是美国主导的全球化危机，同时也是西方文明的危机。

长期以来，美国对外一直奉行弱肉强食的"丛林法则"，不能容忍异己力量与文明的存在。不以理服人，而以力服人，这违背了美国自己所宣扬的"自由"与"民主"。美国一些知识精英很少有国际人文情怀，不断宣扬乃至制造文明的冲突与国家的对立，而不是承认、尊重不同文明，实现不同文明的取长补短，和谐相处。

实际上，西方文明至上主义，就是制造矛盾，制造对立，制造冲突，制造不和谐，以便更好地驾驭局势，从中渔利，这是西方文明的堕落。

经济上，美国用自由资本主义理论，用华盛顿共识，用它所推动的全球化，推平了横亘于国家之间的障碍，实现货物、商品、资金与信息的自由流动。但是，这种经济的自由并未给世界带来普遍的繁荣与广泛的福祉，发达国家、垄断资本、金融寡头不断利用其强权对世界巧取豪夺，几近疯狂，将越来越多的中小企业、民族经济、弱小国家和地区变成自己的附庸，由此导致世界贫富分化越来越大，两极对立越来越严重，国际金融市场动荡越来越剧烈。

打上"美国制造"烙印的全球化，在以"创造效应"给世界带来经济繁荣与巨额财富的同时，其不公正的"分配效应"加剧国际社会两极分化，造成国际社会日趋严重的对立，最终又以"毁灭效应"，让世界经济、国际关系陷入前所未有的混乱与困境之中。

"美国时代"正在成为过去，世界需要一个公正、公平、包容、有序的新体制与新秩序。

为此，国际社会需要为全球化作出新的设计，尤其是对跨国金融资本与金融寡头的无限膨胀的私欲进行有效约束，对美国滥用霸权力量进行有效约束，使全球化的收益分配相对公平合理，使权利与责任更加均衡。

"中国主张"当立

世界本来就是多元的。基督教文明、伊斯兰文明、佛教文明与儒教文明等一切文明没有优劣，都是上天的恩赐。非洲的部族文明、伊斯兰文明、佛教文明与儒教文明等众多文明，在基督教文明尚未昌盛之际，都对人类社会的进步作出了巨大贡献。如今，这些文明不仅顽强生存，而且在不断创造出自己理解的繁荣。如被西方刻意诋毁的伊斯兰文明，覆盖了15亿人口，占世界的1/4，到21世纪中叶，还要进一步提高到1/3。

即便是被西方不断激化与丑化的伊斯兰原教旨主义，其产生也有着深刻的国际背景与社会根源。西方能容忍国内罪恶不赦的罪犯，但不能宽容国际"敌对势力"，从而无法从根本上解决国际社会的两极分化、人类生存权与发展权的问题，消除极端势力发育与生长的土壤。

一段时期以来，在西方的大力宣传、诱导与高压下，世界多国纷纷向西方文明看齐，唯美国马首是瞻。如今，蓦然回首，发觉世界在创造出丰富的物质财富的同时，自然破坏、环境恶化、社会对立、道德沦丧，国际冲突不断加剧，以暴制暴无以休止，其结果就是让世界陷入前所未有的危机与困境，而且越陷越深。因此，要出世界于流沙陷阱，就必须对西方文明与自由主义加以扬弃。

世界不是要强制驱赶自由主义与西方文明，而是自由主义与西方文明只能作为一种主义与一类文明，与其他主义与文明相映生辉。在整个世界处于无序的态势下，每个经济体、每个政治单位、每个文明都有义务承担起阻止世界继续沉沦、出世界于流沙陷阱的责任。

中国是一个多民族、多文化不断融合的国家，历史上绝大多数时间奉行的是开放主义。

中国有过受压迫、受欺侮的惨痛经历，对恃强凌弱深恶痛绝，能心平气和地平等待人。国家哲学上强调"和而不同""天人合一""天下一家"。中国悠久的历史、兼容并包的文化、勃勃的社会生机与强大的经济实力，不仅让"历史终结论"终结，也让"文明冲突论"失色，多年来与其他文明一道，阻挡着世界变成清一色的西方特征，打破了全球化就是西化或美国化的迷雾，为"中国主张"做了最好的铺垫与阐释。

"中国主张"是中国传统"中和"哲学思想的现代运用，"中也者，天下之大本也；和也者，天下之达道也。致中和，天下位焉，万物育焉"。

在"穷则独善其身，达则兼济天下"的思想下，中国在努力实现和谐社会的同时，积极推动和谐世界的构建。中国人奉献给世界的理想主义，坚持各文明没有优劣，主张各民族平等相待。主张世界各国在联合国的旗帜下，国家不分大小、强弱、贫富一律平等。主张各国在货物、商品、资金与信息自由流动的基础上，逐渐开放国家边界，实现人员的自由流动，如此更能有效实现资源配置，提高世界公民福祉。"中国主张"不仅主张人与人、人与社会的和谐，先富帮后富，先进帮后进，实现全世界的共同富裕，共同进步，同时也主张人与自然的和谐，在合理开发利用自然的同时，全心呵护自然，维护好人类的共同家园。

"中国主张"，为世界各国、各民族在思考如何建立一个和谐世界的时候，增加多种新的选择思路。

构建"中非大陆桥"，实现多文明共同繁荣

中国应首先集中力量解决好自身发展、社会和谐问题，解决好13亿人自己的问题，这就是对全世界、全人类最大的贡献。同时，有鉴于外部变量内生化，国际与国内因素相互交织，国内的棘手问题可以在更广阔的国际空间加以解决，为此，必须对国际大棋局进行细致的谋划，这同样是"中国主张"的国际运用。

千里之行，始于足下，首先要谋划好与周边国家的战略关系。中国应以"平衡战略"与"等边外交"对待周边的东北亚、中亚、东南亚与南亚国家。鉴于美国在涉及自己的关键、核心利益问题，如高新与关键技术转让、先进设备与武器售卖、人民币国际化、替代美元的超主权货币、国际金融中心建设、中国的国家统一等问题时，近乎不可能向中国让步，中国也很难得到美国的真心帮助。因此，中国的理性选择是坚定"走自己的路"，与美国保持适当距离，把对美战略看成是中国周边"平衡战略"的一部分，如此便可以从对美关系中节省出大量政治、经济与外交资源，用于国际大棋局的谋划。

鉴于东北亚、东南亚与南亚的路线复杂有限，所以中国应当选择新的路

径；寻找可以真正成为中国自己的"诺亚方舟"或"英雄用武之地"。

非洲是人类文明的重要发祥地，曾经是世界最辉煌的地区之一，也是西方文明的伤疤，是现代人类社会持久的痛。中国在自己社会经济有了一定的起色后，应以独特的战略眼光看待这个不断被边缘化的大陆。

非洲，无论从占据道德高地、实现联合国"千年发展目标"、驱散共同不幸之阴影、弘扬世界多元文明，还是缓解中国资源、市场、人口与环境压力等，对中国都极具战略价值。

进军非洲，这应是中国构思国际大棋局的重要步骤。敢于进军非洲就是有战略眼光，善于进军非洲就会得到战略红利。相反，看不到非洲战略价值就是政治盲人，不敢想非洲战略价值就是小脚女人。因此，出于开发非洲、振兴非洲与非洲一起繁荣的战略需要，一条经由中亚、中东，连接中国与非洲的"中非大陆桥"便呼之欲出。这是一条商品贸易桥，资源运输桥，人员往来桥，也是文化交流桥。

非洲的振兴与"中非大陆桥"的建设是一项浩大工程，需要巨额资金。资金从哪里来？中国应当有所取舍。中国持续购买美国巨额债券，肯定将是以最糟糕的投资而载入世界经济与国际投资史册。从美国的实际行径看，无论从经济上、政治上、道义上还是情感上，的的确确找不到任何一个合适理由，来说服中国百姓以支持购买美国债券。日本也同样投资美国债券，但是日本是美国的盟国，经济的牺牲可以换取政治、外交、军事、技术等多种利益。

仅就目前来看，中国在非洲的投资有了可观的总量，但这远远不够，因为这更多是中国企业与机构的行为，称不上中国的国家战略，不是"中国主张"的自觉运用。鉴于此，建议国家从外汇储备中逐渐拿出5000亿至10000亿美元，通过直接投资、捐赠、无息或低息贷款、贸易融资，或依照伊斯兰金融运作方式，不收放贷利息，而是类似分红方式进行。在对传统文化、文明、价值、民族或部族特性以及国家主权尊重的基础上，依照平等、合作、共赢的原则，着眼于非洲基础设施建设、卫生条件改善、教育文化水平提高与相关制造业发展，充分利用那里的适宜气候、广袤土地种植粮食，将饥饿的大陆改造成为世界的粮仓与特色水果的供应基地，实现联合国的

"千年发展目标"，使广大非洲人民尽快过上"小康"生活。

值得关注的是，跨越"中非大陆桥"涉及一系列古老文明，主要有伊斯兰文明、波斯文明、阿拉伯文明、埃及文明、印度文明。中国秉持开放态度，欢迎"中非大陆桥"桥上、桥边的任何国家参与非洲民生与现代化建设，共同开发非洲，与非洲共同发展，让这些古老文明一起焕发青春，与西方基督文明一起争奇斗艳，这同样是"中国主张"所涵盖的重要内容。

有效市场、有为政府、有序社会*
——"国家治理现代化"一个也不能少

党的十八届三中全会《决定》强调:"全面深化改革的总目标是完善和发展中国特色社会主义制度,推进国家治理体系和治理能力现代化。"①

"国家治理现代化"是一个崭新的表述,由此引领经济体制、政治体制、文化体制、社会体制、生态文明体制、党的建设制度六大改革。如何通过全面深化改革而实现国家治理的现代化,需要关键抓手。《决定》指出在"经济体制改革是全面深化改革的重点"时,强调"处理好政府和市场的关系";在"创新社会治理体制,激发社会组织活力"时,则要求"正确处理政府和社会关系"。

人是社会关系的总和,有了人类就有了社会。荀子曰:"人力不如牛,走不如马,而牛马为之用,何哉?群也。"作为命运共同体,社会不以市场、政府的存在而存在,相反决定着市场与国家的存在。即便未来国家消亡,市场消亡,社会理应一如既往地存在。社会是一切经济活动、政治活动的根基。弗里德里希·恩格斯与卡尔·波兰尼,这两位伟大的思想家,以无可挑剔的史料与严格缜密的逻辑证明:在政府出现以前,在市场出现以前,人类集群而居,形成大小不等的社会长达数万年。近代欧洲向新大陆殖民,在北美十三个殖民地政府出现之前,在市场生成之前,殖民者无论是东部定居还是向西进发,都通过社会而生存而发展。

---

* 本文以《论国家治理体系中的社会、市场、政府的三者关系》为题,刊载于《国有资产管理》2014年第2期,本文为第四部分。

① 《中国共产党第十八届中央委员会第三次全体会议公报》,人民出版社2013年版,第4页。

市场作为经济的一部分，长期内嵌于社会，担负商品交换的职能。资本主义之前的市场长期受到政府与社会的抑制。到资本主义社会，由资本主导的市场逐渐取得了对社会与政府的优势，不断通过钱权交易、收买政客的方式操控政府，努力通过雇佣劳动与控制舆论而掌控社会，试图将一切产品与生产要素都变为商品，即商品化一切，进而资本化一切。市场（资本）愈是扩张拓展，其二重性也愈发突出，即一面作为"财富的魔法师"，而另一面便是"撒旦的磨坊"。作为"财富的魔法师"，市场将财富近乎无穷无尽"从地底下呼唤出来"。而作为"撒旦的磨坊"，无序市场则会让优质资源、优美环境和道德良知等等美好卷入磨坊碾个粉碎。

政府原本在社会关系与市场交换日趋复杂之后应运而生，代表着国家对各类社会和市场等进行协调管理。资本主义诞生以来，政府越来越深地被资本主导的市场所操控，为市场亦即为资本的扩张服务，包括尽可能地自我约束——扮演一个"守夜人"的角色，以及抑制社会对市场扩张的反弹。"确凿无疑的是，若不是（社会）保护主义的反向运动阻滞了这个自我毁灭的机制的运行，人类社会可能早就烟消云散了。"① 社会对市场反弹力量之强大，令市场（资本）本身无法承受。因此，市场若没有政府的援手，便寸步难行。历史上，一个个规模市场，无不是借助政府的力量得以建立，所谓市场秩序无不是通过政府的力量得以维护，政府的介入自始至终都是保证市场正常运行的关键。

家庭——私有制——国家生成后，社会——市场——政府便在国家这一高级共同体中长期共存，三者既有同一性又有对立性，即便是在无比专制的王权下也有社会与市场。但是，不同的社会发展阶段，社会——市场——政府三者的力量分布并非均衡。孤立考察市场与政府，而不顾及社会对市场与政府的影响，一如当今的西方经济学及其以此为生计的学人，或孤立考察其中两者关系，而忽视第三方，只能是盲人摸象。只有理解和把握好政府、市场与社会三者的关系，才能准确地理解和把握政府与市场、政府与社会的

① ［英］卡尔·波兰尼：《大转型——我们时代的政治与经济起源》，冯钢、刘阳译，江苏人民出版社2007年版，第66页。

关系。

国家性质决定国家治理方式。中国是社会主义国家，我们要"坚持社会主义市场经济改革方向"，只有坚持社会主义基本经济制度，才能有效克服任由市场调节的不良结果———一端是财富积累、一端是贫困积累，才能努力避免资本主义市场经济条件下的周期性危机，才能最终实现共同富裕。党的十八届三中全会《决定》提出"推进国家治理体系和治理能力现代化"。国家治理体系，当然要超越一般的市场治理、政府治理与社会治理，在政府、市场与社会之上实施综合、系统、协调治理，发挥好"1+1+1 > 3"的功能。而且，社会主义制度决定我们更应发挥"社会"的积极功能，"创新社会治理，必须着眼于维护最广大人民根本利益，最大限度增加和谐因素，增强社会发展活力，提高社会治理水平，全面推进平安中国建设，维护国家安全，确保人民安居乐业、社会安定有序。"① 鉴于此，在"国家治理现代化"建设上，有效率的市场、有作为的政府与有秩序的社会，一个也不能少。

---

① 《中共中央关于全面深化改革若干重大问题的决定》，人民出版社 2013 年版，第 49 页。

中国与世界

——同增长，共繁荣

　　中国有句俗语：三十年河东，三十年河西。可能是冥冥之中的巧合，中国现代史恰好以三十年作为分水岭：从"五四运动"到新中国成立，这是中国反帝反封建、争取民族独立的三十年；从新中国成立到改革开放帷幕正式拉开，这是中国奠定复兴基础、进行现代化道路探索的三十年；刚刚过去的三十年则是中国积极参与国际分工、努力实现复兴的三十年。每个三十年，近乎都成为中国历史的转折点。美国次贷危机引爆国际金融危机，极大地改变着中国经济增长与社会发展的内外环境，引发中国全力转方式、调结构，这很可能又将中国置于一个新的历史转折点。十八大之后，中国面貌正在出现越来越多、越来越快、越来越好的新变化，使得历史转折点的轨迹越来越明显。中国经济越来越世界化，而世界经济也在某种程度上不断增添中国色彩。中国与世界互为机遇与挑战，在经济上越来越同呼吸、共命运。

世 界 在 变

　　变化的中国正处于变化的世界中，过去的三十年，不仅是中国经济显著变化的三十年，也是世界经济显著变化的三十年。

　　世界经济化。第二次世界大战结束，整个世界被人为地一分为二。20世纪90年代初，冷战结束，东西方之间的政治对立、意识形态对抗与军事对峙，更多地让位给立足于国际市场基础上的国家之间的经济竞争。尽管地缘政治、恐怖主义、局部冲突等议题时不时会成为国际热点乃至焦点问题。但是，高居各大媒体排行榜首位的、世界首脑聚会谈论最多的、普通民众最为关心的，毫无疑问则是经济议题。正是由于人们集中精力于经济增长与改善民生，因此才使得世界经济取得长足进步，国际贸易突飞猛进，国际投资蒸蒸日上，国际金融一日千里。尽管2008年美国次贷危机把世界经济狠狠地绊了一跤，但是世界经济仍在各种期待与努力中走向复苏。根据国际货币基金组织于2014年7月公布的《世界经济展望》，2012年、2013年世界产出增长率分别为3.5%、3.2%，预测2014年、2015年分别为3.4%、4.0%。

经济全球化。世界历史上，全球化跌宕起伏已有数轮。由20世纪80年代兴起的最新一轮全球化正如火如荼，其最突出的特征就是在科技进步的推动下，国际分工日趋深化，资本、商品和知识跨国界流动成为蔚为大观的趋势。尽管各国在社会、文化、政治和安全等方面的相互依存都在日益增加，但是唯有经济领域的相互依存态势盛况空前。主要先进国家通过国际分工，主导国际秩序，经济得以持续繁荣，社会得以持续稳定，人民生活得以持续富裕。一些幸运的后进国家通过对外开放，参与国际经济竞争，从经济全球化获得诸多经济好处，人民生活不断得到改善，国家综合国力得到显著提高。

全球市场一体化。经济全球化的显著特征与态势就是全球市场趋于一体化。在美欧等发达国家的积极倡导下，在世界贸易组织、国际货币基金组织等国际多边经济组织的努力推动下，在发展中国家尤其是新兴市场的共同参与下，全球市场正趋于一体化。随着国际分工日趋细密，国际市场体系日趋完善，参与国际市场的主体日趋增多，跨国公司成为最为活跃的市场主体，这些巨型推土机，日夜不停地铲除碾平国家之间的边界，使得世界日趋走向扁平化，如此国际市场主体之间的竞争日趋激烈，跨国生产要素流动的壁垒不断降低，国际资本、商品的流动规模与速度空前。全球市场一体化为世界经济的繁荣奠定了坚实基础。

一体化市场动荡常态化。经济全球化在促进世界经济增长与繁荣的同时，也给世界经济带来更多风险。全球市场中每个细分市场几乎都有垄断资本把持，垄断资本为获取垄断利益，往往利用垄断力量，操纵市场。国际市场秩序与规则主要由发达国家制定、解释，国际分工的收益主要流向发达国家，因此处于资本主义世界中心的发达国家与经济全球化边缘的发展中国家的经济差距越来越大。此外，近年来，以巴西、俄罗斯、印度与中国等为代表的新兴力量迅速崛起，国际经济格局正在发生重大而深刻的变化。这些因素的综合使得国际市场尤其是金融市场日趋动荡，危机连接着危机。由于国际经济力量日趋多元，国际格局变迁不可能一蹴而就，国际秩序从旧的有序调整到新的有序遥遥无期，因此国际市场动荡将趋于常态化，与之对应的是世界经济之低迷态势或将长期化。在 2008 年金融大危机的冲击下，世界经济呈现明显的"倒根号形"（＼＿）态势。

中国在变

经过连续三十年近两位数的经济增长，中国已非吴下阿蒙，经济早已积累起非凡实力，令世人刮目相看。2008 年 7 月，美国卡内基国际和平基金会发布研究报告认为，中国的经济规模将在 2035 年追平美国，并将在 21 世纪中叶达到美国的两倍。2014 年 9 月 7 日，英国《每日电讯报》和《每日邮报》同时报道了研究能源、经济、地理政治风险等领域的 IHS 公司的报告，中国经济在 2024 年就会超过美国。世界银行似乎已经急不可耐地向世界宣告，按照购买力平价计算，截至 2014 年 9 月 29 日，中国国内生产总值（GDP）超过美国，荣升为世界最大经济体。"神女应无恙，当惊世界殊。"

社会世俗化。从半殖民地半封建社会中诞生起独立自主的新中国，表现出持久的政治热情，这股热情蔓延到社会、经济、文化等方方面面，中国人以饱满的政治热情进行现代化道路的各种探索。1978 年后，在"交够国家的，留足集体的，剩下都是自己的""包产到户"的口号下，中国人的政治热情逐渐被经济理性所取代。他们将世界最适用（不一定是最先进）的方法拿来：西方的法治观念与国际会计标准，英国、美国和中国香港的证券法规，法国的军事采购制度，美国联邦储备银行的中央银行结构，日本、韩国、新加坡和中国台湾的经济发展战略经验等等。英语基本上成为中国的第二语言。如此，在过去三十年的社会主义现代化建设的基础上，中国人迸发出前所未有的脱贫致富的积极性，社会财富也如同变魔法般从地下呼唤出来：城市摩天大楼鳞次栉比，奢侈品商店如雨后春笋，与纽约、东京或法兰克福无异；高速公路纵横交错，上面奔驰不息的是私家汽车，看不出与美国、日本或德国有什么两样；在搞活社会主义市场经济的口号下，股票市场交易大厅人头攒动……

经济多元化。改革开放前，由于中国身处恶劣的国际环境，国家从战略出发，加强国防与战备建设，由此使中国屹立于世界大国之林，但此举被西方污蔑为"不要裤子要核子"。当时的经济成分结构单一，在享受各种社会公平的同时，的确牺牲了不少经济效率。在"解放生产力，发展生产力""效率优先，兼顾公平"的口号下，中国开始在经济领域展开市场化与国际化的探索。经济由此日趋多元化，在公有制之外，发展出民营、外资、股份制多种经济主体，经济活力得到明显提高，国家经济面貌由此得到显著改善，从一个长期仅"人口领先"变为多方名列前茅的国家：世界第一外汇储备大国，世界第一贸易大国，世界第一制造大国（是产值而不是利润），世界目前唯一经济增长快速且持续时间最长的经济大国，国内生产总值已排名第二，对外直接投资排名世界第三，从一个始终为物质短缺所困的发展中国家，成为新兴市场的领头羊，成为世界经济增长的新引擎。2008 年金融危机之后，以美国为首的发达国家经济普遍低迷甚或停滞，新兴市场经济动荡加剧，大国中有且只有中国经济保持相对稳定增长态势，成为世界经济中的中流砥柱。根据国际货币基金组织于 2014 年 7 月公布的《世界经济展望》，2012 年、2013 年中国产出增长率分别为 7.7%、7.7%，预测 2014 年、2015 年分别为 7.4%、7.1%。

居民生活现代化。在西方描写改革之初中国的面貌时，常用的一个例子是：上海一家照相馆的橱窗里摆放着一件西式夹克衫，衣服上挂着"可以穿这件夹克在店里照相"的牌子。那时，中国最现代化的上海人几乎都还穿着毫无款式可言的蓝色或灰色棉布衣裤，因此夹克衫当然成为稀罕的时装。而今天，中国人的穿着与西方人没有什么两样。中国经济早已从供给短缺过渡到需求不足，城市中兴起的健身俱乐部与普遍的肥胖终结了物质短缺时代的阴影，一个几乎什么都需要"凭票供应"的时代成了人们的永久记忆。而且，中国已经进入城乡居民收入加速增长、消费能力快速提升、消费结构不断升级的消费成长阶段。西方家庭的装备，在中国城市家庭应有尽有，有时只不过档次稍低而已。奥运会成功举办是中国现代化进程中的一块里程碑，诸多现代消费理念植入中国居民生活。过去，拥有一辆"永久"牌自行车成为诸多家庭的现代化梦想，如今中国竟然一跃成为世界最大的汽车生产国与消费国，汽车正在成为大众消费品进入千家万户。随着教育、医疗、养老等社会保障体制的改善，未来居民家庭生活现代化（住房、汽车、高档家电、数码产品、旅游等）将继续成为中国经济的增长点。

发展态势内卷化。长期以来，在比较优势原则下，中国大力发展外向经济，诸多中资企业成为跨国公司国际分工链条上的一个环节。中国外向经济持续发展，最终形成了中西之间的不对称依赖，即中国对西方的依赖大于西方对中国的依赖，从而授予西方国家不断敲打、盘剥中国的特权，导致中国陷入知识产权被讹诈、民族产业被操控、外储缩水、通货膨胀、货币主权日益弱化等一系列困境。与此同时，形成了对内高度依赖廉价资源、廉价环境、廉价劳力的道路，也就是"内卷化"。一如西方的"丛林法则"，中国自古就有所谓"水体法则"：大鱼吃小鱼，小鱼吃虾米，虾米吃泥巴。中国经济增长与社会发展出现了地区发展内卷化态势：一线大城市—大城市—中小城市—乡村，在土地收益、储蓄、人才、政策等关键资源上依次递进蚕食，一线大城市通吃全国；大城市则吃一线大城市以外的全国；中等城市吃比自己更弱的小城市；小城市只有吃乡村。从东到西地势越来越高，但是经济水准越来越低，资源财富像流水一样由西高向东低汇集，呈现明显的发展级差。收益向沿海、城市集中，成本向内地、农村转移，对步入拉美等国后尘（即落入"中等收入陷阱"）的担忧，在中国时有耳闻。

中国"世界化"与世界"中国化"

中国越来越"世界化"

中国对外开放就是要更好地、更充分地利用国际资源与国际市场,发展壮大自己,成为富强、民主、文明、和谐的现代化国家。在工业、农业、国防和科学技术现代化(即"四个现代化")基础上,实现国家治理现代化(即"第五个现代化")。对外开放后,中国不断利用自己固有的比较优势——廉价劳动力与政府强制力,迅速积累起新的竞争优势——规模经济与范围经济,在国际分工中获取增值收益,并不断将过去庞大财富存量(如土地、矿产等)迅速变现,即货币化,以及对资源、环境、劳动者的生命健康透支等形式,把部分未来财富加以贴现,正是通过挣现、变现与贴现等各种不拘一格的手法,中国迅速积累起令世界艳羡不已的巨大财富。

中国尊重现有的国际秩序,遵守既有的国际规则,加入了许多国际组织,从世界贸易组织、国际劳工组织到核供应国集团等等,由此成为一个"负责任的大国"。中国的战略方针着眼于现状,谋求罗伯特·吉尔平所说的"在国际体系中改变",而非"改变国际体系"。中国在分享国际资源与国际市场的同时,国内资源与国内市场也越来越成为国际资源与国际市场的一部分,中国与世界越来越充分而频繁地互通有无,出口与投资、消费一起成为拉动中国经济增长的"三驾马车"。

长期以来,中国经济被视为全球经济增长中一支独立的力量,即完全是逆美国主导的世界经济潮流而动——美国经济不断减速时,中国经济持续扩张;美国经济繁荣时,中国经济出现滑坡。因此,其广大市场与庞大进口被看作是拉动其他国家经济增长一种独立的刺激因素,中国由此也被当作世界经济增长的新引擎。但是,随着中国越来越融入世界经济,越来越全球化、国际化,中国的经济周期与世界经济周期越来越一致,在经济上真正实现了与世界同呼吸、共命运。

过去,中国总是"冷眼向洋看世界",世界是世界,中国是中国。如今，中国人从来没有像现在这样对国际时事如此关注，对外部经济环境如此关注，对国际社会对自己所作所为的评论如此关注。因为，中国的战略机遇离不开世界，中华民族伟大复兴是在世界民族丛林中崛起，中国的现代化似乎越来越离不开全球化、国际化。显然，中国已经被深深世界化了。

世界正在被"中国化"

在中国经济越来越"世界化"的同时，世界经济也在某种程度上被"中国化"了。若再说"三十年河东，三十年河西"，显然过于悠久；瞬息万变的全球化下，"十年河东，十年河西"越来越普遍。有专家研究，就在20世纪末，西方主流媒体对中国的报道可谓"惜版如金"。即使为数不多的一些报道，也主要以政治经济领域为主，且多数都带有挑剔与怀疑的语气，总像是戴着有色眼镜，高高在上"俯视着中国"。如今，中国经济的巨大成功，中国市场的巨大吸引力，开始在西方持续发酵。中国的国际影响正日益扩大，越来越多的发生在中国的经济、政治、军事和文化事件以及相关的演绎故事，在世界广泛传播，对其他国家和地区正产生越来越大的影响。中国的发展提高了中国事务的新闻价值，国外媒体面对中国报道越来越多，有负面的，也有正面的。对于季节性潮水似的负面报道，中国人正在脱敏；对于西方媒体的有色眼镜，中国人似乎习以为常。

中国以自己的独特发明创造来适应全球化态势，"经济特区"就是一个重要代表，通过经济特区，中国把革新注入相对保守的地区，以此做到既抵消全球化的消极影响，又利用世界的新技术、新思想、新机制发展自己。最大限度保留自己想要保留的，以最小代价获得自己想要获得的。这种带有典型中国特色的参与全球化的方式，取得了明显成效，由此也强烈地影响着其他与中国一样的后进国家，其中最重要的是对印度、越南等国的影响。它们效仿中国，走本国特色的现代化道路，社会经济由此取得显著进步。远在大洋彼岸的墨西哥也在有模有样地效仿中国，改革其边境发展计划，以便在与美国进行密切经济接触时，努力保护本国的文化传统和生活方式。昔日，中国在多数情形下是世界的函数，Y（中国）$= F$（X（世界）$_1$，X（世界$)_2$，……），中国总是更多地因外部世界的改变而改变；如今，中国正越来越多、越来越明显地改变着世界，世界函数——Y（世界）= F（X（中国$)_1$，X（中国$)_2$，……）——受中国变量的影响越来越大。世界需要中国，一如中国需要世界。

中国与世界，机遇与挑战

世界从中国得到的机遇大于挑战

拿破仑曾言："中国是一头睡狮，一旦它醒来，世界将为之震惊。"显然，在他的眼中，中国更多是个威胁，令人敬畏。就世界历史来说，从来没有一个拥有那么悠久历史、那么众多人口、那么广袤国土、那么个性鲜明的国家，在一个长期由西方主导的世界实现崛起。西方国家所担心的是，全球资源、世界市场与国际利益分配格局是否会因为中国崛起而改变？对这个极其复杂的问题，远不是只用回答"是"或"否"那么简单。中国的发展对于世界，既是一个挑战，也是一个机遇。相比较而言，机遇应当大于挑战。

中国成为世界商品的广阔市场，中国的需求有力拉动了世界经济尤其是中国周边经济的增长。中国的全球化对世界产生了诸多影响，最显而易见的是，价廉物美的"中国制造"有利于提高世界的生活水平，尤其是对不那么富裕的民众而言。低收入美国人的生活水平因"中国制造"而提高了大概5%到10%。低廉的"中国制造"还有效降低了美国的通货膨胀率，联邦储备银行不必为抑制通货膨胀而提高利率，从而延长了美国经济的繁荣，抑或减缓了美国经济的衰退。同样，中国购买美国国债有助于平衡美国国际收支，美国也无须提高利率、减缓经济增长速度。而美国长期以来一直是世界经济的主要引擎，2008年次贷危机令美国经济低迷，中国迅即替代美国引擎的地位，中美两国的经济增长与经济繁荣是世界经济增长与经济繁荣的一个重要保证。

中国改革开放以来所发生的巨大变化，正在悄然改变世界格局。在硬实力不断增强的同时，中国软实力也在不断拓展。中国向国际出口的不仅是产品与服务，也开始向世界展示并推广其独特而博大精深的文化，在世界各地勃兴的孔子学院就是表现之一。截至 2014 年 9 月（即全球孔子学院建立十周年），全球 123 个国家和地区已建立 465 所孔子学院和 713 个中小学孔子课堂。今天，世界对中国兴趣盎然，不仅对其伟大的历史遗产，而且还对从哲学、艺术到体育等众多领域的成就表现出浓厚兴趣。2008 年北京奥运会、2010 年上海世博会等举世瞩目，不同程度地强化了中国软实力在全球的拓展。"中国高铁"所代表的中国速度，进一步展示了中国在硬软实力上所取得的突飞猛进的成就。

中国经济与文化等综合影响集中体现在"北京共识"。"北京共识"是一个显然不同于"华盛顿共识"的"中国模式"。高盛公司高级顾问雷默在其研究报告《北京共识》中这样写道："北京共识"推翻了私有化和自由贸易这样的传统思想。它有足够的灵活性，它几乎不能成为一种理论。它不相信对每一个问题都采取统一的解决办法。它的定义是锐意创新和试验，积极地捍卫国家边界和利益，越来越深思熟虑地积累不对称投放力量的手段。它既讲求实际，又有空想，它是几乎不区别理论与实践的中国古代哲学观。发端于 2008 年的国际金融危机迄今余波依然在荡漾，在一些领域仍在不断焖烧、延烧，美国式发展道路一如昔日英国式、日本式发展道路迅速失去光泽，世界将目光投向了东方，在世界日趋"无主义""无秩序""无方向"的情形下，"北京共识"与"中国模式"为世界探寻"新出路"提供了一个十分有价值的参考。"中国道路"——"中国梦"在世界范围内正不断升温。

随着中国经济的持续快速增长，中国经济实力也在显著上升，而中国社会经济中存在的诸多问题与矛盾，使国际社会对中国的认识日趋复杂。西方人不断以自己的价值观、世界观来审视中国，解读中国，甚至试图影响中国。如此，"中国威胁论"与"中国机遇论"两大"矛盾论"便在西方社会不断花样翻新，历久不衰。不过，自东南亚金融危机过后，中国负责任大国形象日益凸显，"中国机遇论"在中国周边国家和地区越来越成为主流性认知或共识。世界贸易组织前总干事帕斯卡尔·拉米指出，"中国的增长将有利于所有人"。

中国给世界提供诸多机遇的同时，也给自己带来巨大挑战

1823 年，羽翼尚未丰满的美国就抛出"门罗主义"，坚决反对欧洲干涉其所在西半球的事务；霸权式微的美国还于 20 世纪 90 年代通过各种方式努力向世界兜售甚至施压"华盛顿共识"。与美国的所作所为不同，中国至今不仅没有就亚洲发表任何"门罗宣言"，也没有向任何国家推销或宣传"北京共识"；相反，中国努力宣传的是"和谐世界"，是"以邻为伴，与邻为善"的和平发展的共赢思想。

然而，善心与善举是一回事，能否得到善报则是另外一回事。未来，中国正从"一般发展"转向"全面复兴"，中国参与全球化越来越广，越来越深，而全球化已经进入"深水区"，国际竞争日趋激烈，一些敌视中国的西方势力对中国的遏制日趋增大。中国过去从对外开放中获得的初步、肤浅的经验，远远不足以应对伟大复兴的艰巨任务。一段时期以来，中国面临的国内外经济社会局势越来越复杂，应对越来越棘手，这显示中国所应对的挑战越来越严峻。

就历史经验来看，大国复兴充满坎坷，美国在成功崛起成为世界经济霸主之前经历了不下十次经济繁荣与萧条的往复循环。在当今全球化态势下，那些开放不当的新兴市场都遭遇了不同程度的危机。中国自改革开放以来经济成长总体一帆风顺，近乎是国际社会的唯一"幸运儿"。那么，中国能否克服大国复兴的坎坷逻辑，摆脱新兴市场发展的"全球化魔咒"，顺利逾越"成长的烦恼"，的确有待多方求索。

实际上，没有什么能够阻挡中国的成长！

责任编辑:高　寅
封面设计:胡欣欣
责任校对:吕　飞

图书在版编目(CIP)数据

安全也是硬道理:国家经济安全透视/江涌 著. -北京:人民出版社,2015.1
ISBN 978-7-01-014215-9

Ⅰ.①安…　Ⅱ.①江…　Ⅲ.①经济-国家安全-研究-中国　Ⅳ.①F123

中国版本图书馆 CIP 数据核字(2014)第 278113 号

安全也是硬道理

ANQUAN YESHI YINGDAOLI

——国家经济安全透视

江　涌　著

人民出版社 出版发行

(100706　北京市东城区隆福寺街 99 号)

北京瑞古冠中印刷厂印刷　新华书店经销

2015 年 1 月第 1 版　2015 年 1 月北京第 1 次印刷
开本:710 毫米×1000 毫米 1/16　印张:14.25
字数:218 千字

ISBN 978-7-01-014215-9　定价:32.00 元

邮购地址 100706　北京市东城区隆福寺街 99 号
人民东方图书销售中心　电话 (010)65250042　65289539